GTB

Gütersloher Taschenbücher

1138

Uwe Birnstein

Geboren 1962, ist evangelischer Diplom-Theologe
und arbeitet freiberuflich als Journalist
für Hörfunk und Printmedien sowie als Buchautor.

Uwe
Birnstein

Wenn Gottes Wort zur Waffe wird

Fundamentalismus in christlichen Gruppierungen

Gütersloher Verlagshaus

Originalausgabe

Die Deutsche Bibliothek – CIP-Einheitsaufnahme

Birnstein, Uwe:
Wenn Gottes Wort zur Waffe wird: Fundamentalismus
in christlichen Gruppierungen / Uwe Birnstein. –
Orig.-Ausg. – Gütersloh: Gütersloher Verl.-Haus, 1999
(Gütersloher Taschenbücher; 1138)
ISBN 3-579-01138-3

ISBN 3-579-01138-3

Umschlaggestaltung. INIT, Bielefeld (Fotos: Evangelischer Pressedienst, Frankfurt, und CAV GmbH, Wetzlar)
Lektorat: Heike Neumann, Essen
Satz: Weserdruckerei Rolf Oesselmann GmbH, Stolzenau
Druck und Bindung: Clausen & Bosse, Leck
Gedruckt auf chlorfrei gebleichtem Werkdruckpapier
Printed in Germany

Inhaltsverzeichnis

Vorwort

Nicht jeder, der mich ›Herr‹ nennt,
wird das himmlische Reich finden,
sondern, der den Willen meines Vaters erfüllt.
Viele werden an jenem Tag sagen: ›Herr! Herr!
Wir haben doch geredet und gewirkt,
um dich bekannt zu machen!
Wir haben doch in deinem Namen
gegen böse Mächte gekämpft!
Wir haben zu deiner Ehre
doch so große Dinge getan!‹
Aber ich werde ihnen sagen:
›Ich kenne euch nicht!
Hinaus, ihr Übeltäter!‹

Matthäus 7,20-23
(Übersetzung: Jörg Zink)

Vorworte finden Sie langweilig? Woran das liegt, kann ich Ihnen sagen: Weil viele unterschiedliche Leserinnen und Leser ein Buch lesen und ein Autor im Vorwort für alle etwas sagen soll. Und das endet oft bei dem Problem, unter dem auch die Kirche leidet: Wer es allen recht machen will, wird langweilig.

Bei dem vorliegenden Buch ist dieses Problem doppelt so groß. Denn Fundamentalismus ist ein Reizwort. Je nach eigenem Standpunkt haben Sie schon jetzt so viele Vorurteile und Meinungen über dieses Buch, daß die nur durch mehrere Vorworte aufzufangen wären.

Warum nicht? Lesen Sie bitte dort weiter, wo Sie sich einordnen können. (In die anderen zu schauen, sei Ihnen natürlich unbenommen.)

Sie denken, Sie könnten als Fundamentalist gemeint sein.

Keine Angst. In diesem Buch spricht Ihnen niemand den Glauben ab. Wenn es Sie beruhigt: Dieses Buch stammt von einem Journalisten, der sich immer dann freut, wenn es um den Glauben geht – und der immer dann hellhörig wird, wenn sich unter dem Deckmantel des Glaubens etwas ganz anderes verbirgt. Intoleranz zum Beispiel. Oder Unbarmherzigkeit. Gesetzlichkeit. Oder Angst. Wenn Sie das auch stört, wenn Sie vermuten, daß einige Ihrer Glaubensgenossen anderes als das Evangelium im Schilde führen – dann könnten Sie in diesem Buch Beispiele dafür finden.

Sie sind erklärter Feind des Fundamentalismus.

Freuen Sie sich nicht zu früh. Wenn Sie einen oberflächlichen Rundumschlag gegen alle erwarten, denen der Glaube das Ein und Alles ist, werden Sie enttäuscht sein. Es geht in diesem Buch nicht um all jene, die unter dem Schlagwort »Fundamentalismus« leiden: die Freikirchler, die Evangelikalen, die Charismatiker. Denn nicht alle von ihnen benutzen Gottes Wort als Waffe. *Wer* es *wie* benutzt, möchte Ihnen dieses Buch zeigen. Damit Sie künftig nicht mehr fundamentalistisch gegen Fundamentalisten argumentieren müssen, sondern es gezielt tun können.

Sie sind liberaler Christ und
Anhänger der Volkskirchen-Idee.

Sie haben ein ehrenwertes Ziel (das ich teile): Verständigung. Weswegen die noch nicht so eingetreten ist, wie Sie sich es wünschen? Meine Antwort: Weil eine wichtige Voraussetzung fehlt: das Gegenüber zu kennen. Fundamentalisten geht es nicht nur um den Glauben. Sie haben auch andere Ziele. Den Dialog zu boykottieren zum Beispiel. Oder hinter der christlichen Maske (kirchen-)politische Taktierereien auszuhecken. Es könnte sein, daß Sie die Fundamentalisten unterschätzen. Dieses Buch will Sie davor bewahren.

Sie sind weder Christ noch Kirchen-Insider.

Erschrecken Sie nicht: Ja, es gibt Christen, die sprühen nur so vor Selbstüberschätzung, Heilsgewißheit und Arroganz. Für die sind Sie – wie ich – als »nicht wiedergeborener« oder »nicht-evangelikaler Christ« Kandidaten für die Hölle, weil wir nicht – oder nicht »richtig« glauben würden. Lassen Sie sich von denen nichts vormachen. Gott ist größer als der Glaube eines Menschen. Und gottgefällig können bestimmt auch Menschen leben, die keine Christen sind, sondern die statt Waffen zu benutzen entwaffnende Liebe sprühen lassen. Trotzdem sollten Sie sich mit dem Thema dieses Buches auseinandersetzen. Denn der Fundamentalismus ist ein Phänomen, das weltweit immer größer wird - in vielen Religionen, und eben auch im Christentum.

Um das Bemühen vieler Religionen und Kulturen, miteinander und friedlich die Verantwortung für die Welt zu übernehmen, zu torpedieren, haben christliche Fundamentalisten Waffen entwickelt. Welche das sind, können Sie in diesem Buch lesen. Denn um sie zu entschärfen, sollte man sie kennen.

Bevern, im Januar 1999 *Uwe Birnstein*

Sechs Klischees über Fundamentalisten

»Fundies«, »Volkies«, Vorurteile

Der Buchstabe tötet,
aber der Geist macht lebendig.
2. Korinther 3, 6

Fundamentalisten sind altmodisch, verknöchert, steif und unlebendig. Sollten Sie noch solche Vorurteile pflegen, ist es Zeit, sie zu überprüfen und gegebenenfalls ins Reich der Klischees zu verbannen. Sicherlich gibt es immer noch einige, die ebenso sauertöpfisch wie rechthaberisch vom Glauben reden. Doch die fundamentalistische Szene in Deutschland hat sich im letzten Jahrzehnt geändert. Ein Generationswechsel, von vielen schon lange herbeigesehnt, hat stattgefunden. Fundamentalisten haben dazugelernt, die Volkskirchler dagegen scheinen auf der Stelle zu treten.

Um eine erste Schneise ins Gewirr von alt und neu, von liberal und konservativ, von bibeltreu und freiheitsliebend zu schlagen, möchte ich Ihnen einen Vorschlag machen: Lassen Sie einmal kräftig an Ihren Vorurteilen rütteln. Der Einfachheit halber lassen Sie uns - bevor ich Ihnen im nächsten Kapitel nähere Differenzierungen vorschlage - die Christen in zwei Schubladen einordnen: in Fundamentalisten (»Fundies«) und Volkskirchenvertreter (»Volkies«). Als Definition mag fürs erste genügen: Fundies geht es um die Bibel, die sie kompromißlos unter die Menschen bringen wollen. Volkies geht es um den Glauben; ihre Tugend ist das Gespräch und die Toleranz gegenüber anderen - auch fundamentalistischen - Frömmigkeitsformen.

Klischee Nummer eins:
Fundies sind rückständig, Volkies sind fortschrittlich.
Stimmt nicht.

Jedenfalls nicht, wenn für Sie Fortschritt das ist, was das Bestehende verändert, was neue technische Erfindungen nutzt. Da hat sich das Verhältnis eher umgedreht: Wer derzeit etwas in der deutschen Christenheit voranbringt, sind die Fundies. Sie nutzen die Errungenschaften der Technik ebenso wie die Erkenntnisse von Psychologie und Unternehmensberatung, sie legen eine Kreativität an den Tag, wie es nicht einmal die progressiven Christen der siebziger Jahre vermocht haben, und bestimmen das innerkirchliche Gespräch oft mehr als die kirchenleitenden Männer und Frauen.

Sie wollen Beispiele? Nehmen Sie die Satelliten-Evangelisation »Pro Christ«: Per Satellitenübertragung wurde eine zentrale Missionsveranstaltung in ganz Europa ausgestrahlt. Während in den Volkskirchen jeder Groschen Kirchensteuer umgedreht wird, während noch nicht einmal jede Kirche mit einer passablen Verstärkeranlage ausgestattet ist, zeigen die Fundies, daß erstens High-Tech auch in der Kirche möglich ist und sie sich zweitens auch finanzieren läßt. (Dabei läßt sich über den Sinn von Pro Christ trefflich streiten.)

Fortschrittlich sind auch die Gottesdienste vieler Fundie-Gemeinden. Was Kirchenkritiker schon lange beklagen: eine starre Agende, Lieder in antiquierter Sprache, begleitet auf Instrumenten des Mittelalters: In vielen Fundie-Gottesdiensten finden Sie das kaum. Wer mit Les Humphries und Peter Maffay, mit Cliff Richard und Aretha Franklin aufgewachsen ist, wird sich hier wohlfühlen. Statt einer Orgel begleiten Bands mit Keyboards und Gitarre den Gesang. Popmelodien im Hitparaden-Stil treffen den Musikgeschmack der Gottesdienstbesucher. Junge Menschen singen mit Lust und aus vollem Herzen.

Im gesamten Medienbereich haben die Fundies die Volkies mittlerweile überrundet. Mit ihrem Zentralorgan »idea spektrum« haben sie eine modern gestaltete Wochenzeitschrift vorgelegt, die innerhalb der volkskirchlichen Publizistik ihresgleichen sucht. (Auch hier: Es geht im Moment noch um die Äußerlichkeiten. Daß der Inhalt von idea das Gegenteil von fortschrittlich ist, werde ich Ihnen später nachweisen.) Viele Zeitschriften aus dem fundamentalistischen Spektrum nutzen neueste Technik und lassen mit ihrem Engagement die Forderungen des neuesten Publizistischen Gesamtplanes der Evangelischen Kirche in Deutschland (EKD) als veraltet erscheinen. Bunte, altersgerechte Magazine für Teens und Twens, für Erwachsene im besten Alter, für Familien, Frauen und für Männer sind entstanden. Fortschritt auch im Radio-Bereich: Während die evangelische Kirche mit ihrem eigenen Privat-Dudelsender Radio Paradiso mühsam dem Konkurs entgangen ist, weitet der »Evangeliumsrundfunk« sein Programm munter aus. Selbst im neuesten Medienbereich, dem Internet, zeigen sich die Fundies um Längen fortschrittlicher als die Volkskirchen: Bunt, ansprechend, verbraucherorientiert präsentiert sich das gesamte Spektrum der Fundamentalisten, grau in grau dagegen die EKD, um Nuancen lebendiger die Katholische Kirche.

Das Lob der Fortschrittlichkeit hinterläßt freilich einen faden Nachgeschmack. Der stellt sich sofort ein, wenn man Fortschritt auch auf die Gesellschaft bezieht. Und da sind die Fundies bei allem technischen Fortschritt rückständig wie eh und je. Geht es um mehr Gerechtigkeit und um die Schere zwischen Arm und Reich, geht es um Fortschritte in der Wissenschaft und Erkenntnistheorie, geht es um Modelle einer gerechten Weltwirtschaftsordnung: dann stoßen die Fundies sehr wohl an ihre Grenzen. Mit High-Tech-Fortschritt und professioneller PR-Arbeit übertünchen sie immer erfolgreicher ihre inhaltliche Rückständigkeit.

Klischee Nummer zwei:
Den Fundies geht es mehr um den Glauben als den Volkies.
Das stimmt natürlich nicht.

Obwohl es im ersten Augenblick so scheint. Wer kühle Bestandsaufnahme betreibt, wird nicht darüber hinwegsehen können: Sämtliche Glaubensthemen kommen bei den Fundies direkter, ausführlicher (und aufdringlicher) vor als bei den Volkies. Keine Fundie-Sitzung, die nicht mit Andacht und Gebet verbunden wird. Wo sogar manche Kirchenvorstandssitzungen volkskirchlicher Gemeinden gänzlich andachtsfrei vonstatten gehen, lösen die Fundies die volkskirchliche Forderung nach Spiritualität im Alltag ein. Hemmungslos und frei bekennen sie, woran sie glauben. Scheu und Scham zählen nicht, freimütig legen sie auch in persönlichen Gesprächen von ihrem Glauben Zeugnis ab, führen Gott in ihrem Munde, auch wenn eigentlich etwas anderes Thema ist.

Doch Obacht: Denn Glaube besteht natürlich nicht nur im Reden, sondern auch im Handeln. Auch wer Gott nicht auf den Lippen trägt, kann Gott im Herzen tragen. Zugespitzt gesagt: In einigen Situationen kann sogar das Umgehen von Glaubensthemen Zeugnis des Glaubens sein. Rücksicht auf Andersgläubige und Andersdenkende kann sehr wohl angemessener sein als redseliger Missionseifer. Bekanntlich haben selbst angesehene fromme Theologen wie Dietrich Bonhoeffer und Paul Tillich dafür plädiert, das Wort »Gott« für einige Zeit ganz aus dem Vokabular zu streichen, um gerade auf diesem Weg wieder den Glauben zum Thema zu machen. Den Volkies geht es also mindestens genauso sehr um den Glauben wie den Fundies.

Nur sprechen sie nicht so viel – und so selbstgewiß darüber. Das ist der entscheidende Unterschied.

Klischee Nummer drei:
Fundies sind pastorenzentriert,
die Volkies praktizieren Laienkirche
Stimmt nicht.

Beide sind auf Personen zentriert – die Fundies auf ihre Star-Prediger und »geprüften« Propheten, die Volkies auf ordinierte Geistliche. Dabei findet sich die Laienkirche inzwischen sogar mehr in fundamentalistischen Kreisen verwirklicht als in evangelisch-volkskirchlichen Gemeinden. Luthers hehres Ziel vom Priestertum aller Gläubigen – zu Zeiten der Reformation bis heute eine Kampfansage an die priesterlich-hierarchisch organisierte römisch-katholische Kirche – ist in vielen Gemeinden der EKD zum Lippenbekenntnis geworden. Zwar wollen alle Kirchenmenschen mündige Christen mit eigenem theologischen Urteilsvermögen. Doch setzt die Volkskirche mit ihrer Struktur alles daran, daß die Pastorinnen und Pastoren die Hüter und Experten des Glaubens bleiben. Sie sprechen nicht des Volkes, sondern jene Sprache, die in den Elfenbeintürmen theologischer Fakultäten verstanden wird. Natürlich haben sie gelernt von ihren Vorgängern. Daß ein geistlicher Würdenträger die Gemeinde nicht in Schulmeistermanier belehren soll zum Beispiel. Und daß der Kirchenvorstand die Geschicke einer Gemeinde in der Hand hält, nicht aber der Pastor oder die Pastorin. Doch diese guten Grundsätze funktionieren nur, wenn das Volk mitspielt, Lust und Leidenschaft am Glaubensthema findet und zusätzlich so selbstbewußt ist, daß es sich Streitgespräche mit seinem Pastor zutraut.

De facto gilt, und in den letzten Jahren immer deutlicher: Die Laien haben wenig zu sagen – und wenn doch, dann haben die Geistlichen oft das letzte Veto-Recht und können selbst mühsam erarbeitete Synodenbeschlüsse blockieren. Das Priestertum aller Gläubigen erschöpft sich an vielen Orten leider darin, daß leseungeübte Kirchenvorsteherinnen und Kirchenvorsteher im Gottesdienst einen (vom Predigtplan vorgegebenen) Bibeltext und die (vom Pastor zusammengestellten) Abkündigungen lesen dürfen.

Wer aus dem volkskirchlichen Rahmen etwa in einen Fundie-Gottesdienst der Charismatiker gerät, kann nur erstaunt zur Kenntnis nehmen: So viele Laien wie hier sind selten am Werk. Männer und Frauen berichten öffentlich von ihren Erfahrungen mit Gott; für die

Musik sind nicht hauptamtliche Organisten und Kantoren zuständig, sondern eine Band aus der Mitte der Gemeinde. Segen zu spenden ist hier nicht der Geistlichkeit vorbehalten, statt dessen segnen sich die Menschen gegenseitig. Das Abendmahl gleicht nicht einem Appell im Halbrund vor dem Altar, sondern ist ein Gemeinschaftserlebnis ohne die Bürde erstarrter Ernsthaftigkeit.

Doch hinter der Fassade dieser Laienkirche versteckt sich trotzdem ein schier ungebändigter Drang nach Verehrung von geistlich angeblich besonders begabten Menschen. Anders als in den Volkskirchen brauchen sie keine Insignien wie Talar und Bäffchen. Sie kommen im Jackett oder in Jeans, für ihre herausgehobene Bedeutung ist ihre Redegewandtheit und Machtstellung verantwortlich. Roland Werner und Ulrich Parzany, Wolfram Kopfermann und Bill Hybels, Steven Hill und Reinhard Bonnke, Yonggi Cho und Pat Robertson: Je nach Standpunkt im Fundie-Lager jagen diese Namen geistliche Entzückens-Schauer über die Rücken der Gläubigen. Wer einmal in den Zenit der Fundie-Star-Prediger aufgestiegen ist, dem wird geistliche Kompetenz zugemessen wie keinem anderen. Die Verehrung fundamentalistischer »Gurus« steht der Papst-Verehrung der katholischen Gläubigen in nichts nach.

Klischee Nummer vier:
Fundie-Gemeinden erreichen mehr kirchendistanzierte Menschen als Volkskirchen-Gemeinden
Das ist ein Irrtum.

Zwar behaupten das die Fundies. Auch mag der eine oder andere vormals Kirchenferne eine geistliche Heimat in sogenannten »freien Gemeinden« gefunden haben. Obwohl die Gottesdienste dort fortschrittlicher wirken, obwohl es ausgefeilte Programme zur Missionierung Kirchendistanzierter gibt: So viele Menschen wie die Volkskirchen erreichen alle Fundies zusammen nicht. Allein durch die Amtshandlungen - Taufe, Konfirmation, Trauung, Beerdigung - kommen jährlich Millionen mit dem volkskirchlich geprägten Glauben in Kontakt. Denn zwei Phänomene lassen sich nicht wegdiskutieren: Gerade die traditionellen Gottesdienste sprechen auch Kirchenferne an. Und: Die Kirchenfernen dokumentieren durch ihre Kirchenmitgliedschaft, daß sie Verbindung halten möchten. Es scheint, als genießen sie die »Kirche auf Distanz«. Alle Versuche der Fundamentalisten, Distanzierte zu bekehren, dürften daran scheitern.

Klischee Nummer fünf:
Fundamentalistische Gruppen sind sektenähnlich.
Das stimmt leider in einigen Fällen.

Im klassischen Sinn des Begriffs Sekte trifft das sowieso zu: Denn danach ist jede Abspaltung einer größeren Religionsgemeinschaft eine »Sekte«. Demnach ist das gesamte Christentum nichts anderes als eine Sekte des Judentums, das Luthertum eine aus der römisch-katholischen Kirche hervorgegangene Sekte. Insofern wären fundamentalistische Kreise auch Sekten: Abspaltungen, die dem christlichen Glauben ein eigenes Gepräge geben und sich mehr oder weniger radikal von der Kirche trennen.

Wenn heute der Begriff Sekte gebraucht wird, meint er etwas anderes. Totalitäre Führerschaft zum Beispiel, Persönlichkeitsveränderungen bei den Mitgliedern; eine einfache Einteilung der Welt in Gut und Böse; strikte Abgrenzung der eigenen Gruppe von der als feindlich betrachteten Welt sowie Abhängigkeit der Mitglieder.

Nicht alle – wohl aber einige dieser Eigenschaften treffen sehr wohl auf einige fundamentalistische Gruppen und Gemeinden zu – das belegen die Erfahrungsberichte ehemaliger Mitglieder. Sie beklagen etwa, daß sie sich in ein rigides System der Gemeindezucht einfügen mußten. Was gut und was böse ist, sei genauestens vorgegeben gewesen. Die Gruppe duldete keine Übertretungen und ahndete sie mit Druck. Wer in fundamentalistische Gruppen gerät, droht die Welt zu vergessen: das gesamte Leben wird abgestimmt auf die Lehre der jeweiligen Gruppe, Außenkontakte werden abgebrochen (das geht hin bis zu Scheidungen von »nichtgläubigen« Ehepartnern. Wer den Weg hinaus findet, verliert sein gesamtes sicheres Umfeld. Psycho-Druck wird erzeugt, indem gesagt wird, der Ausgetretene sei nun der Welt des Teufels anheimgefallen. Freundschaften brechen von einem auf den anderen Tag ab; der ehemalige »Bruder im Herrn« steht völlig alleine da. Der Glaube, der stets mit Begriffen wie Liebe und Freiheit verknüpft wurde, entpuppt sich plötzlich als Macht- und Unterdrückungsinstrument. Daß das eigene Leben an Jesus übergeben wurde, erschwert den Ausstieg zusätzlich. Denn die Abwendung von der Gruppe bedeutet dann gleichzeitig eine Abwendung von Jesus. Viele Menschen werden jahrelang, manche sogar ihr ganzes Leben von Schuldgefühlen geplagt, leiden unter dem schlechten Gewissen, sich sündhaft von Gott abgewendet zu haben.

Klischee Nummer sechs:
Zwischen Fundies und Volkies
klaffen unüberwindbare Gräben.
Nein.

Die Gräben sind zwar tief, aber überbrückbar. Den Volkies dürfte dies jedoch leichter fallen als den Fundies. Denn Toleranz und Ökumene sind in den Volkskirchen weder Feindbild noch Schimpfwort, sondern erprobte Tugenden. In den vergangenen Jahrzehnten haben die protestantischen Landeskirchen begriffen: Nur in der Zusammenarbeit verschiedener Konfessionen kann das Christentum Jesu Auftrag erfüllen, eins zu werden. In der weltweiten und in der deutschen Ökumene arbeiten sie deshalb mit orthodoxen, mit anglikanischen, mit baptistischen und anderen Freikirchen zusammen. Bei allen Unterschieden respektieren sie einander in ihrer verschiedenartigen Frömmigkeit.

Die Fundies haben große Probleme mit der Anerkennung anderer, nicht so radikaler Formen des Glaubens. Eine bildreiche Palette halten sie parat, geht es um die Beschreibung der Volkies: »Kirchenchristen«, »laue Christen«, »Taufscheinchristen«. Erst wenn die Fundies soviel Respekt aufbringen wie die Volkies, werden Brücken über die Gräben der Andersartigkeit gebaut werden können.

Zwischenbilanz

Auch nach Entkräftung einiger Klischees behält das Wort Fundamentalismus seinen negativen Beigeschmack. Schließlich ist nicht alles theologisches Gold, was mit glänzender Gemeindearbeit aufwartet. Der Preis, den fundamentalistische Gruppen von ihren Mitgliedern fordern, ist hoch: Nur wer die Vorleistung des Glaubens erbringt, ist bei ihnen an den Tisch des Herrn geladen. Alle anderen gelten als Missionsobjekte. Daß Glaube mit Freiheit zu tun hat: Dieser Gedanke bleibt für Fundamentalisten ein Lippenbekenntnis. Wenn sie von Freiheit sprechen, meinen sie Gesetze. »Befreit zum Gehorsam«: unzähligen Menschen hat dieses fundamentalistische Strickmuster den Glauben auf Dauer vergällt.

Warum Fundamentalisten trotzdem ein unerläßliches Glied in der Gesellschaft und in der Kirche sind? Weil der Glaube sich nur im Streit entwickeln kann. Hätte die Kirche nicht die evangelikale Welt als Gegenüber, könnte ihr tatsächlich leicht das Streiten um den Glaubensinhalt verlorengehen. Und würden fundamentalistische Christen nicht immer wieder ihre meist enge Version des Glaubens vehement vertreten, fehlten jenen Christen, die ihren Glauben in der Weite des Evangeliums zu leben versuchen, ein Gegenüber, an dem sie ihre eigene Einstellung überprüfen können. Während die Volkskirchler sich in Frage stellen lassen, wirken Fundamentalisten oft wie blokkierte Zeitgenossen, die jeden noch so liebevollen kritischen Einwand abprallen lassen.

Trotzdem üben Fundamentalisten offenbar mehr Faszination auf Menschen aus als Volkies. Das ist aber kein Erweis für einen »besseren« oder gottgemäßeren Glauben. Das Dilemma besteht darin, daß die Fundies genau dies von sich behaupten: daß sie »Gottes einzige Antwort« auf die Schlechtigkeit der Welt seien. Sich selbst nur als *eine* Antwort neben vielen zu sehen, ist ihnen nicht möglich. Ihre Führer fördern dieses Elitebewußtsein und schleifen die Waffen - nicht nur gegen Heiden, Andersgläubige und Atheisten, sondern auch gegen »laue« Christen, denen sie mangelnden Glauben unterstellen.

Warum sie das tun, ist nachvollziehbar. Aber nur, wenn die »Fundies« aus ihrer einen Schublade herausgeholt und auf mehrere verteilt werden.

Literatur

Uwe Birnstein: »Gottes einzige Antwort.« Christliche Fundamentalisten im Vormarsch, Wuppertal 1990

Reimer Gronemeyer: Wozu noch Kirche? Berlin 1995

Michael Welker: Kirche ohne Kurs?, Neukirchen-Vluyn 1987

Winfried Kuhn: Sind Sie reif für den Kirchenaustritt? Frankfurt/Main 1997

Michael Nüchtern: Kirche in Konkurrenz. Herausforderungen und Chancen in der religiösen Landschaft, Stuttgart 1997

Drohbotschaft statt Frohbotschaft:

Wie aus Worten Waffen werden

Macht aus euren Pflugscharen Schwerter
und aus euren Sicheln Spieße!
Der Schwache spreche: Ich bin stark!
Joel 4, 10

Einen Einwand gegen dieses Buch werden all jene, die sich als Fundamentalisten angegriffen fühlen, auf jeden Fall vorbringen. »Die Bibel selbst«, werden sie sagen, »fordert doch von uns, daß wir die ›Waffenrüstung Gottes‹ anlegen! Nichts anderes tun wir doch!« Einerseits haben sie recht.

Richtig ist: Der Begriff »Waffen« kommt oft in der Bibel vor. 75 mal. 68 mal sind damit kriegerische Waffen gemeint: Schilde und Schwerter. Das Alte Testament berichtet von vielen Kriegen, die das Gottesvolk Israel gegen die Nachbarnationen kämpfen mußte. Kriege und Waffen, blutrünstige Massenmorde und hinterhältige Überfälle mit Gott als oberstem Heerführer finden sich sowohl in den Geschichts- als auch in den prophetischen Büchern des Alten Testaments.

In seinen Briefen an die Gemeinden in Rom, Korinth und Ephesus benutzt auch der Apostel Paulus den Begriff »Waffe«. Aber der Heidenmissionar füllt ihn mit anderer Bedeutung. »Laßt uns die Werke der Finsternis ablegen und anlegen die Waffen des Lichts«, fordert er die Mitchristen auf. Um Mißverständnissen vorzubeugen, betont er, daß die »Waffen unseres Kampfes nicht fleischlich, sondern mächtig im Dienste Gottes sind, um Festungen zu zerstören«. Im Brief an die Epheser (6, 11 ff.) handelt eine längere Passage von der »Waffenrüstung Gottes«. Christen sollen sie »anziehen«, damit sie bestehen können gegen die listigen Anschläge des Teufels und »an dem bösen Tag Widerstand leisten und alles überwinden und das Feld behalten« können. Hier nennt Paulus (wenn er denn selbst den Epheserbrief geschrieben haben sollte) einige Beispiele für die Waffen, die er meint: Lendengurte der Wahrheit und Panzer der Gerechtigkeit, festes Schuhwerk, um für das Evangelium des Friedens einzutreten, ein Schild des Glaubens gegen »alle feurigen Pfeile des Bösen«. Dazu einen »Helm des Heils« und das »Schwert des Geistes, welches ist das Wort Gottes«.

Obwohl diese militaristische Sprache dem friedenstiftenden Geist des Evangeliums widerspricht: Was der Schreiber des Epheserbriefes hier meint, ist einleuchtend und in gewissem Sinne entwaffnend. Statt mit körperlicher Gewalt sollen Christen mit Tugenden und Werten »kämpfen« gegen das Böse. Selbst wer an den Teufel nicht mehr so personalisiert glauben kann, wie es im ersten nachchristlichen Jahrhundert gang und gäbe war, kann den Sinn dieses Abschnittes nachvollziehen. In diesem Sinne kann auch das Wort Gottes zur Waffe werden. Überall nämlich, wo gelogen wird und wo Ungerechtigkeit herrscht, wo die Sache Gottes in den Dreck gezogen wird: da kann ein Wort der Wahrheit Klarheit bringen und Lüge, Unbarmherzigkeit und Hoffnungslosigkeit vertreiben – »in die Flucht schlagen«, um in der kämpferischen Sprache des Paulus zu bleiben.

So gesehen könnte das Wort Gottes natürlich zur Waffe werden. Und die fundamentalistisch Gläubigen hätten recht mit ihrem anfänglich genannten Einwand. Doch diese »friedlichen« Waffen sind nicht gemeint im Titel dieses Buches. Dort geht es um andere Waffen; um Geheimwaffen, die oft nicht sofort erkannt werden und deshalb um so wirksamer sein können. (Um das Bild ins Heute zu übertragen: Wunderwaffen wie die amerikanischen Stealth-Bomber, die von sämtlichen Alarmsystemen unerkannt bleiben, bis sie ihr Ziel gefunden haben und wehrlose Ziele angreifen.) Diese Waffen hatte Paulus sicherlich nicht im Sinn, als er an die befreundeten Gemeinden schrieb. Und auch Jesus hat sie abgelehnt, als er mit seinen Jüngern durch das Land Galiläa bis nach Jerusalem zog. Er hat Gottes Wort nicht so benutzt, daß es andere erniedrigt, bewertet, verurteilt, drängt, zwingt, verängstigt, manipuliert, betäubt, erschlägt. Genau auf diese Weise jedoch mißbrauchen christliche Fundamentalisten das Wort Gottes. Nicht immer aus bösem Willen, sondern weil sie Opfer des Zeitgeistes sind, den sie selbst so oft und so gerne anprangern. Sie sind der Versuchung des Schwarz-Weiß-Malens erlegen, des Buchstabenglaubens, des Abgrenzens. Sie schmieden eifrig das Wort Gottes zur Waffe, die die Welt durchschneidet: in Gut und Böse, in Himmel und Hölle, in Gott und Teufel, in biblisch und unbiblisch, in richtig und falsch. Mit ihren Waffen machen sie Menschen Angst, indem sie sie direkt oder indirekt vor die Frage stellen: »Zu welcher Seite willst du gehören? Du kannst natürlich frei wählen – aber wenn du dich falsch entscheidest, verschreibst du dich dem Teufel.« Wie ein Damoklesschwert schwebt das Wort Gottes bedrohlich über dem Leben der Gläubigen. Bei einer falschen Bewegung oder Gedanken droht es herabzufallen und zu töten. Keine noch so befreiende Botschaft ist davor gefeit, zur Waffe umgeschmiedet zu werden – auch nicht die christliche.

Viel mehr christliche Grundwerte als die folgenden fünf erfahren in dieser fundamentalistischen Schmiedewerkstatt eine Umwertung in ihr Gegenteil.

Aus Gnade wird Leistung

Daß sich ein Mensch vor Gott nicht produzieren braucht, daß er keine Vorleistungen bringen muß, um von Gott angenommen zu werden: diesen Gedanken werden christliche Fundamentalisten auch so oder ähnlich verkünden. Dennoch fordern sie Vorleistungen seitens des Menschen: daß er sein Leben Gott übergebe. Wer nach dem fundamentalistischen Sittenkanon lebt, kann dem Jüngsten Gericht beruhigt entgegensehen. Aus der Zusage: »Gott liebt dich« wird die Forderung: »Gott liebt dich, wenn ...« Theologisch gesprochen handelt es sich um Werkgerechtigkeit. Sie betrifft nicht nur das allgemein-sittliche Leben, sondern auch die religiöse Praxis. Auf welche Weise und wie lange gebetet wird, wie intensiv die Beteiligung am Gemeindeleben ist, wieviel Achtung man fundamentalistischen Star-Predigern oder Gemeindeleitern entgegenbringt: all das wird unausgesprochen Folgen für das eigene Seelenheil haben. Wer in extremen fundamentalistischen Kreisen lebt, befindet sich unter permanentem Leistungsdruck, der das Erlebnis göttlicher Gnade nahezu unmöglich macht.

Aus Freiheit wird Zwang

»Zur Freiheit seid ihr berufen«, schreibt der Apostel Paulus im ersten Jahrhundert an die Christen in Korinth. Fundamentalistisch glaubende Christen ersetzen die Freiheit vom »Gesetz« gegen einen Normenkatalog (der je nach Gruppe unterschiedlich streng ist). Dem Glauben folgt keine Freiheit, sondern eine Liste von Verhaltensweisen, die nun gelten. »Befreit zum Gehorsam« lautet ein in unzähligen Varianten benutztes Leitwort, das den Übergang von der Freiheit zum Zwang markiert.

Selbst die Entscheidung zum Glauben geschieht oft zwar oberflächlich gesehen in freier Entscheidung, nach Einschätzung Außenstehender aber oft unter Zwang. Durch Manipulationen und geschickte Suggestionstechniken und Massen-Veranstaltungen wird eine Atmosphäre erzeugt, der sich die Menschen nur schwer entziehen können – zumal wenn sie sich in Lebenskrisen befinden.

Aus Begegnung wird Mission

»Geht hin und machet zu Jüngern alle Völker«: Die gesetzliche Auslegung des Missionsbefehls macht es Fundamentalisten unmöglich, Menschen in ihrer Eigenart zu begegnen. Statt die Andersartigkeit – auch die Andersgläubigkeit – des Gegenübers zu respektieren, wird es zum Missionsobjekt erklärt. In Abstufungen wird die »Christlichkeit« des anderen gemessen. Die so Beurteilten empfinden das meist als elitär und arrogant, so daß Begegnungen, bei denen sich der nichtfundamentalistische Gesprächspartner nicht auf das Missions-Schema einläßt, in ihrer Intensität und Länge begrenzt sind.

Aus dem Glauben wird Denkverbot

Anstatt das Denken, das Zweifeln und die westlich aufgeklärte Vernunft als Gottesgaben anzusehen, besteht für Fundamentalisten eine Folge des »wahren« Glaubens im Ausblenden des kritischen Denkens. »Gott geht es nicht ums Diskutieren, sondern um das Befolgen seiner Gebote!« Wer an der Gültigkeit der Bibel, der Auslegung der Gebote, der buchstabentreuer Deutung biblischer Berichte oder an der Gottgemäßheit der eigenen Gemeinde zweifelt, wird in der Gruppenhierarchie oft herabgestuft. Druck seitens der Gemeindeleiter und der Mit-Christen sorgt für eine permanente Überwachung des persönlichen Glaubens.

Aus der Bibel wird ein Götze

Fundamentalisten sehen die Bibel nicht als Sammlung von Erzählungen, in denen das göttliche Zeugnis in menschlicher Form niedergelegt ist, sondern als von Gott wörtlich inspirierte Schrift, die Antwort auf jede heutige Lebenssituation gibt. In dieser Ansicht liegt der Grundstock fundamentalistischer Ideologie. Die Bibel wird zum unhinterfragbaren Buch und erhält quasi göttlichen Status. Auf diese Weise kann sie das Bedürfnis nach verbindlichen Normen befriedigen – doch verhindert das einen lebendigen Zugang zum Glauben. An die Stelle von unbefangenem Umgang mit der Heiligen Schrift tritt gesetzlicher Buchstabenglaube, der Glaubensaussagen wie den Schöpfungsbericht, die Jungfrauengeburt und Wundergeschichten zu historischen Tatsachenerzählungen herabstuft.

Wölfe im Schafspelz

Die Fundamentalisten sind nicht immer verantwortlich für ihre Waffenschmiedekünste. Oft sind sie hineingeboren in ein Klima geistlicher Enge und hatten keine Chance, ihr zu entkommen. Oder sie sind während Lebenskrisen in eine Gruppe hineingeraten, die die Lösung der angestauten Probleme verhieß. Der christliche Name weckte Vertrauen, die Gottesgewißheit schenkte Mut. Zweifel wurden verboten oder ausgeblendet, und nach und nach spielte sich das gesamte Leben nur noch in der fundamentalistischen Gruppe ab. Was anfangs als hilfreich und befreiend erlebt wurde, zog sich immer mehr zu einem ideologischen Glaubensgebäude zusammen, aus dem das Entrinnen schwer wird. Fundamentalisten sind selbst Opfer, die in einem Teufelskreis stecken, aus dem sie schwer ausbrechen können.

Natürlich gibt es aber auch fundamentalistische Leiter, die Gott, Bibel und Frieden allzeit im Munde führen, obwohl es ihnen doch nur um die eigene Macht geht, die sie skrupellos mit biblischen Versatzstükken durchzusetzen versuchen. »Ein Machtmensch gebraucht die Bibel als Waffe *gegen* seine Mitmenschen, nicht *für* sie«, hat der norwegische Prediger Edin Løvås beobachtet. »In seiner Gruppe kann er die schönsten Abschnitte der Bibel dazu verwenden, eine Situation seelischer und geistlicher Grausamkeit herzustellen.« Die Mitarbeiter merken das zunächst meist nicht. Sie sind beeindruckt von der Frömmigkeit und der vermeintlichen Bibelfestigkeit der Machtmenschen. Wer sich Widerspruch traut, hat bald das Gefühl, »gegen Gott selbst zu rebellieren«. Das könne soweit gehen, daß »die Opfer ihre Gebete nicht mehr an Gott richten, sondern an den Menschen, der sie quält«. Der Machtmensch sei dann am Ziel seines Weges: Er steht im Mittelpunkt, genießt göttliche Autorität und kann sich gefügiger Menschen gewiß sein.

Literatur

James Barr: Fundamentalismus, München 1981

Peter L. Berger: Der Zwang zur Häresie. Religion in der pluralistischen Gesellschaft, Frankfurt/Main 1980

Ken Blue: Geistlichen Mißbrauch heilen, Basel/Gießen 1997

Hansjörg Hemminger (Hg.): Fundamentalismus in der verweltlichten Kultur, Stuttgart 1991

Edin Løvås: Wölfe in Schafspelzen. Machtmenschen in der Gemeinde, Moers 1996

Schneisen im Begriffsdschungel

Jenseits der Schlagworte

Bei Gott ist Kraft und Einsicht.
Sein ist, der da irrt und irreführt.
Hiob 12,16

Die fundamentalistische Szene in Deutschland ist ein Gemisch vieler Traditionsstränge. Der Begriff »Fundamentalismus« hat einen ähnlichen Bedeutungswandel erfahren wie der Begriff »Sekte«: von seiner wissenschaftlichen Definition ist er im allgemeinen Sprachgebrauch ausgeweitet worden. Viele Mißverständnisse sind Folge dieses Bedeutungswandels. Durchaus nachvollziehbar ist, daß sich viele Fundamentalisten an den Pranger gestellt sehen, wenn sie etwa in den Medien als Fundamentalisten bezeichnet werden. Gerade sie sollten sich auf die Wurzeln des Begriffes besinnen, den sich Christen in den USA selbst gaben.

Ende des 19. Jahrhunderts war das, in einer Zeit, als bahnbrechende wissenschaftliche Erkenntnisse altgewohnte christliche Denkgebäude in Frage stellten. Industrialisierung, organisierte Kriminalität, Kirchenkritik: Gerade in dem auf christlichen Maßstäben errichteten »Gods own Country« USA sorgte diese als Modernismus gebrandmarkte Entwicklung in einigen Kirchenkreisen für tiefe Verunsicherung. Sie deuteten die neuen Errungenschaften der Zivilisation als Sünde und Abfall von Gott. Um dem Nicht-Glauben Abhilfe zu schaffen, stellten sie Grundprinzipien, »Fundamentals«, des Glaubens auf. Dieser »Glaubens-TÜV« galt zunächst nur für angehende Geistliche, weitete sich dann aber bald wie ein Inquisitionskatalog auf die gesamte Christenheit aus. Zu fünf Prinzipien verlangten die Fundamentalisten uneingeschränkte Zustimmung: zur Unfehlbarkeit der Bibel; zur Jungfrauengeburt Jesu; zum stellvertretenden Sühnetod Jesu Christi; zur leiblichen Auferstehung Christi und zur Anerkenntnis von Wundern.

Besonders an zwei wissenschaftlichen Erkenntnissen stießen sich die fundamentalistischen Christen: Zum einen an der sich immer mehr durchsetzenden Evolutionstheorie, die ja so offensichtlich den Worten des biblischen Schöpfungsberichtes widersprach. In eigenen Zeitschriften wetterte man dagegen. Eine weitverbreitete Schriftenreihe trug den Titel »The Fundamentals. A Testimony of the Truth« (»Die Grundprinzipien. Ein Zeugnis der Wahrheit«). Professoren, die weiterhin die Evolutionslehre vertraten, wurden aus der Kirche ausgeschlossen. Die Fundamentalisten hatten so starken Einfluß auf die Politik, daß sie Gesetzesänderungen durchsetzen konnten. An den Schulen sollte fortan Darwins Lehre der Entstehung der Arten nicht mehr unterrichtet werden. Lehrer, die sich dagegen sträubten, wurden gerichtlich belangt.

Die andere wissenschaftliche Entwicklung, die die Fundamentalisten auf den Plan rief, waren die Erkenntnisse der sogenannten kritischen Bibelwissenschaft, die auch die Bibel als literarisches Dokument früherer Menschen bezeichnete und nicht als von Gott wortwörtlich eingegebene Heilige Schrift. Klar, daß auch hier Widerstand aufflammte. Derartige Bibelwissenschaft sei verantwortlich für die Entchristlichung des Volkes und für die moralische Krise der Gesellschaft, urteilten die Fundamentalisten souverän. Sie setzten sich ein für die Irrtumslosigkeit der Bibel, also für ein wortwörtliches Verständnis auch von Jungfrauengeburt, von leiblicher Auferstehung und der Wiederkunft Jesu Christi.

In den Vereinigten Staaten kam es in Folge des Streits zwischen fundamentalistischen und liberalen Christen zu Spaltungen. Fundamentalisten gründeten ihre eigenen Kirchen und Gemeinden.

In ihnen wurde nicht nur die Anerkenntnis der Glaubenswahrheiten gefordert, sondern auch deren Folgen für das gesamte Leben der Gläubigen. Eine persönliche Beziehung zu Gott sei nötig; das Verhalten müsse orientiert sein an den Vorschriftenkatalogen der Bibel. Die Werte, die dort vermittelt werden, beziehen sich vor allem auf Familie, Ehe und Sexualität.

Die Spaltungen, die die Fundamentalisten damals provozierten, ziehen sich bis heute durch die Christenheit. Noch immer richten fundamentalistische Christen Fronten auf gegen die Erkenntnisse der Wissenschaft; noch immer beziehen sie ihre Kraft aus der radikalen Ablehnung der Welt, die sie dem Teufel zuordnen. Die der heutigen Zeit angepaßten christlichen Fundamentalisten führen im Prinzip Auseinandersetzungen wie ihre Glaubensgenossen vor achtzig, neunzig Jahren. Allerdings haben sich die Vorzeichen verschoben: Heute ist die Säkularisierung in den westlichen Gesellschaften viel weiter vorangeschritten als damals. Das Projekt Moderne mit seinem Rationalismus und Fortschrittsglauben sehen viele bereits abgelöst durch die Postmoderne, in der alles möglich ist: Esoterik und Manchester-Kapitalismus, Religion und Reichtum, High-Tech und übersteigerter Individualismus. Wer heute noch fundamentalistisch argumentiert, hat es schwerer als seine geistlichen Vorfahren. Obwohl die Forderungen der selbsternannten Bewahrer des reinen Glaubens im Prinzip gleich geblieben sind, klingen sie heute ungleich abstruser. Zum Beispiel die öffentlichen Äußerungen der »Kreationisten«: Die Erde sei in sechs Tagen á 24 Stunden erschaffen worden, und die Evolutionstheorie an den Schulen stelle »einen millionenfachen Seelenmord an jungen Menschen dar«, dessen »Früchte die Zunahme der Kriminalstatistik, Ehescheidungen, Abtreibungen, Drogenprobleme ... Auflehnung gegen Eltern, Vorgesetzte und Staat« seien – während man doch »der Evolutionslehre nicht einmal den Rang einer wissenschaftlichen Arbeitshypothese zuerkennen könne«.

Weltweites Phänomen

Daß solche ur-fundamentalistischen Ansichten nicht mehr von allen Fundamentalisten geteilt werden, liegt an der Ausweitung des Begriffes. Nicht mehr eine Gruppe innerhalb des nordamerikanischen Protestantismus ist heute gemeint, sondern ein Phänomen, das quer durch die Religionen und Ideologien auf der ganzen Welt beobachtet wird. Fundamentalismus in diesem Sinn bezeichnet eine Geisteshaltung. Ihr Kennzeichen ist die starre Prinzipientreue zur eigenen Tradition. Toleranz, Offenheit anderen Positionen gegenüber und Dialogbereitschaft über die Grenzen der eigenen Gruppe hinaus fehlen den Vertretern dieses Weltbildes. Statt dessen werden die eigene Meinung und die eigenen Wertvorstellungen als absolute Wahrheit angesehen, die es zu verteidigen gilt – kompromißlos und notfalls auch mit Gewalt.

Unter diese Kategorie fallen natürlich die US-amerikanischen Fundamentalisten. Daß ihre Nachfolger zur Durchsetzung ihrer als göttlich angesehenen Gebote bisweilen massive Gewalt ausüben und selbst vor Mord nicht zurückschrecken, zeigen militante Abtreibungsgegner aus dem christlichen Lager.

Doch Fundamentalismus ist eben nicht auf christliche Religion beschränkt. Er ist eher eine Ideologie als eine Religion. Der englische Theologe James Barr hat ihn als »pathologischen Zustand des Christentums« beschrieben. Denn eigentlich widerstrebt er den Strömungen in jeder Religion, die von Liebe und von Gewaltfreiheit bestimmt sind.

Die gibt es auch im Islam – obwohl das durch die Medien vermittelte Bild teilweise Islam und Fundamentalismus gleichsetzt. Dabei erliegen islamische Fundamentalisten auch nur dem fundamentalistischen »Virus«, in dem sie einige Stellen und Forderungen ihrer heiligen Schrift, dem Koran, wortwörtlicher nehmen als das ebenfalls im Islam gültige Liebesgebot.

Verständlich, daß Christen sich heute beschimpft fühlen, wenn sie als »Fundamentalisten« bezeichnet werden. Wer will schon als Glaubens-Terrorist oder als Fanatiker gelten?

Trotzdem und gerade wegen seiner Verwurzelung im Christentum bleibt der Begriff Fundamentalismus unumgehbar und sinnvoll für die weitere Diskussion. Denn unter ihm lassen sich viele christliche Strömungen zusammenfassen, die bei allen Unterschieden in Grundzügen übereinstimmen:

Sie fordern eine persönliche Bekehrung zu Jesus; sie beantworten die Mißstände in der Welt mit einer Aufteilung in Gottes und Teufels Reich; statt mit Dialogbereitschaft begegnen sie Andersgläubigen (auch der eigenen Tradition) mit Missionseinstellung; die wortwörtliche Deutung bestimmter Bibelstellen macht ihnen ethische Toleranz unmöglich; sie betrachten sich selbst als göttliches Werk und beziehen einen Großteil ihrer Identität über die Kritik an »lauen« Christen; und schließlich betrachten sie sich als Lösung - nicht aber als Teil gesellschaftlicher Probleme.

Definitionen füllen sich mit Leben, wenn man sie überprüft. Die Unterschiede zu »liberalen« Christen, zu denen die meisten Christen der Volkskirchen zu rechnen sind, liegen auf der Hand: Hier fordert niemand die Bekehrung, sondern bietet sie höchstens an; die Welt wird als Ganzes gesehen, die Rede vom Satan als mythologische Ausdrucksweise zwar anerkannt, aber nicht propagiert; anders denkenden und glaubenden Menschen wird mit Respekt begegnet - auch eingedenk der eigenen Fehlerhaftigkeit. Die Volkskirchen arrangieren sich mit dem Projekt einer pluralistischen und multireligiösen Gesellschaft. Sie versuchen, ihr Profil nicht zu verlieren, und bringen es in den gesellschaftlichen Diskurs ein. Gerade im christlich geprägten Abendland ist der Glaube »an sich« nur schwer zu trennen von der christlich geprägten Kultur. Demokratie, Kommunismus wie Kapitalismus, Menschenrechte, Kunst: nahezu alle grundlegenden gesellschaftlichen Ordnungen und Visionen sind vom Geist der jüdisch-christlichen Tradition durchdrungen.

Eine einfache Einteilung der Welt in christlich / nicht christlich wird der Geschichte - die ja auch von Gott gewirkt ist - nicht gerecht. Doch genau das versuchen Fundamentalisten: Um dem schwer auszuhaltenden Wertepluralismus zu entfliehen, wollen sie sich im Schoß der Urkirche verkriechen. Das Bedürfnis hegen viele Menschen, es ist nachvollziehbar. Auch die Fragen nach der Zukunft der Gesellschaft bewegt weite Teile der Bevölkerung: Welche Folgen wird der Medienkonsum bei Kindern haben? Wie wird die Gesellschaft aussehen, in der die traditionelle Familie nicht mehr die Keimzelle ist? Welche Folgen wird die Globalisierung haben? Wie können Menschen verschiedener Nation, Kultur und Religion friedlich zusammenleben? Was geschieht, wenn sich die Fundamentalisten im Islam durchsetzen? Mit ihren Fragen nehmen die christlichen Fundamentalisten vorhandene Ängste auf; ihre einfachen und deshalb gefährlichen Antworten können wahrscheinlich um so mehr Menschen erreichen, desto verworrener die gesellschaftliche Situation ist. Die potentielle Anhängerschaft fundamentalistischer Gruppen wird also voraussichtlich wachsen – im Christentum genauso wie in anderen Religionen. Setzen sie sich gegen die liberalen Kräfte durch, werden Ansinnen wie der ökumenische und interreligiöse Dialog auf Weltebene keine Chance haben.

Innerhalb des christlichen Fundamentalismus gibt es viele Gruppen mit unterschiedlicher Ausprägung. Zum Teil grenzen sie sich voneinander ab; die Tendenz verläuft in den letzten Jahren aber deutlich zu einer Annäherung. Neue Koalitionen werden geschlossen, neue Verbündete gesucht und gefunden. Das verwundert nur noch wenige. Denn die Gemeinsamkeiten überwiegen bei weitem die Unterschiede in den verschiedenen Ausformungen des fundamentalistischen Lagers.

Handbücher und Lexika versuchen, die Gruppen des Spektrums ausführlich darzustellen (Literaturangaben siehe unten). Hier kann es nur um Begriffsklärungen und die Darstellung der Hauptströmungen gehen.

Evangelikale

»Die unbedingte Autorität des Neuen Testaments im Sinne des Fundamentalismus vertretend«, definiert der Duden das Wort »evangelikal«. Der Begriff kommt aus dem englischen Sprachraum (»evangelical«). In Deutschland bezeichnet er heute hauptsächlich jene Christen, die sich in der Deutschen Evangelischen Allianz (DEA) zusammengeschlossen haben. Die DEA ist der deutsche Zweig der weltweiten »Evangelischen Allianz«, einem Zusammenschluß landes- und freikirchlicher Christen. Ihre Grundüberzeugung haben sie in einer »Glaubensbasis« formuliert. In ihr bekennen sie sich unter anderem »zur Allmacht und Gnade Gottes, des Vaters, des Sohnes und des heiligen Geistes in Schöpfung, Offenbarung, Erlösung, Endgericht und Vollendung«, zur »göttlichen Inspiration der Heiligen Schrift, ihrer völligen Zuverlässigkeit und höchsten Autorität in allen Fragen des Glaubens und der Lebensführung«, »zum Werk des Heiligen Geistes, welcher Bekehrung und Wiedergeburt des Menschen bewirkt« sowie zur »Erwartung der persönlichen, sichtbaren Wiederkunft des Herrn Jesus Christus in Macht und Herrlichkeit; zum Fortleben der von Gott gegebenen Personalität des Menschen; zur Auferstehung des Leibes zum Gericht und zum ewigen Leben der Erlösten in Herrlichkeit.«

Kirchengeschichtlich wurzeln die Evangelikalen im deutschen Pietismus, einer Frömmigkeitsbewegung, die seit Ende des 17. Jahrhunderts das persönliche Glaubensleben auf Grundlage der lutherischen Orthodoxie beleben wollte. Die Bibel bekam einen sehr hohen Stellenwert. Diese herausgehobene Stellung des »Wortes« hat sich bis zu den heutigen Evangelikalen durchgehalten und, entgegen dem ursprünglichen Anliegend des Pietismus, zu einem fundamentalistischen Bibelverständnis geführt.

Pfingstkirchen

1906, Los Angeles: In einer schwarzen baptistischen Gemeinde empfingen viele Gläubige in einer Gebetsversammlung mit dem Prediger William J. Seymour die »Geisttaufe«, eine enthusiastische Erfahrung, die sie als direktes Wirken Gottes deuteten. Eine alte Kirche wurde Ausgangspunkt des pfingstlerischen Aufbruchs. Der Religionswissenschaftler Walter Hollenweger stellt das so dar: »Drei Tage und drei Nächte jauchzten sie. Es war an Ostern. Von überall her kamen die Leute. Am anderen Tag war es unmöglich, in die Nähe des Hauses zu kommen. Wer trotzdem ins Haus gelangen konnte, fiel unter die Kraft Gottes; die ganze Stadt war aufgewühlt. Sie jauchzten, bis die Fundamente des Hauses wankten, aber es wurde niemand verletzt.«

Das hier so plötzlich mit voller Kraft auftretende Zungenreden samt allen ekstatischen Begleiterscheinungen wie Tanzen, Jauchzen und Singen wurde Beginn einer Bewegung, die sich in wenigen Jahren über die ganze Welt erstreckte und heute rund sechzig Millionen Anhänger zählt. Wegen ihrer Erfahrung der Ausgießung des Heiligen Geistes, wie sie in der Apostelgeschichte erzählt wird, nannte sie sich Pfingstbewegung. Krankenheilung, Prophetie und Zungenreden - eine unverständliche Gebets-Art, die bereits in urchristlichen Zeiten bekannt war - wurden praktiziert. Durch die hohe Bewertung der Geistestaufe als Heilsereignis des einzelnen Christen bildete sich eine Stufentheorie des Christseins heraus. Pfingstler fühl(t)en sich als Elitechristen, die allein das wahre Christsein erreicht hatten. Dieser absolute Selbstanspruch trieb sie in die Isolierung von anderen christlichen Kirchen und Gruppen. So konnte die pfingstlerische, aus Frustration entstandene und insofern berechtigte Kritik an den rationalen, hauptsächlich an die Wortverkündigung gebundenen Kirchen nicht fruchtbar werden für die Gesamtheit der Christen. Das Pendel schlug vielmehr in die entgegengesetzte Richtung aus: Pfingstlerische Gruppen überboten einander in immer enthusiastischeren Formen und mit immer ausgeklügelteren Stufentheorien über die Qualität eines Christen. Man wähnte sich in der Endzeit; aufgrund des wahren christlichen Status sah man dem Jüngsten Gericht jedoch mit Gelassenheit entgegen, versprach es doch die endgültige Begegnung mit dem Herrn.

Die Sehnsucht der Christen nach einer Einheit der Gläubigen wurde jedoch nicht befriedigt; Spaltungen beherrschten das Bild der kirchlichen Landschaft.

Die charismatische Bewegung

Der charismatische Aufbruch der sechziger Jahre sah von Anfang an die Fehler, die die Pfingstbewegung gemacht hatte; deshalb betonten die Charismatiker immer wieder, daß sie bewußt in ihren jeweiligen Kirchen bleiben wollen, um sie von innen heraus zu erneuern. Eine eigene Kirche oder Konfession zu gründen, lag ihnen - zunächst - fern.

Ostern 1960, Kalifornien: In der Kleinstadt Van Nuys predigt Pastor Dennis J. Bennett. Seinem verwunderten Gottesdienstpublikum berichtet er, er habe die Geisttaufe empfangen - und in der Folge die Gabe des Zungenredens. Kurz zuvor hatte der etwas lustlos in seinem Amt arbeitende Geistliche ein glaubensfestes Ehepaar kennengelernt. Beeindruckt von den beiden, ließ er sich auf eine Bekehrung ein. Voller Begeisterung über seine ersten Erlebnisse als geistgetaufter Christ trat Bennett nun vor seine Gemeinde, die staunend zuhörte.

Von dieser Begebenheit an ging alles Schlag auf Schlag. Viele Gemeindeglieder machten die gleichen Erfahrungen und empfingen ebenfalls die Geisttaufe. Für die Medien war natürlich das wundervolle Zungenreden des Pastors gefundenes Fressen; ausführlich berichteten sie darüber und bescherten dem Phänomen so größte Publizität in ganz

Nordamerika. Die charismatische Bewegung – charismatisch nannte sie sich, weil in ihr die neutestamentliche Geistesgaben wiederentdeckt wurden – sprang schnell auf andere evangelische Kirchen in den Vereinigten Staaten über. 1966 wurden gleiche Erfahrungen auch von katholischen Christen in den USA gemacht. Die charismatische Bewegung wurde konfessionsübergreifend – und ist es bis heute geblieben. Ihre Anhänger wurden Charismatiker oder »Neopentecostals« genannt: Neupfingstler. Denn die Ähnlichkeiten zu den ersten Tagen der Pfingstkirchen gut 50 Jahre zuvor lagen auf der Hand.

So große Eigendynamik entwickelte der charismatische Aufbruch, daß er schon bald über den Ozean auch nach Europa gelang. Der pfälzische Pfarrer Arnold Bittlinger wurde zum Exporteur. Als Leiter des volksmissionarischen Amtes reiste er 1962 auf Einladung des Lutherischen Weltbundes in die USA, um die dortigen Probleme missionarischen Gemeindeaufbaus und der Evangelisation zu studieren. Dort lernte er auch neu erweckte Gemeinden kennen. Das Gemeindeleben und die Gespräche mit Geistlichen beeindruckten ihn tief. Im »Deutschen Pfarrerblatt« berichtete er von seinen Eindrücken und schwärmte vom charismatischen Aufbruch. Nach seiner Rückkehr hielt er Vorträge – und steckte viele Gruppen aus dem fundamentalistischen Lager mit seinen Berichten an. Daß nun ein landeskirchlicher Pfarrer pfingstlerische Phänomene für gut befand, galt vielen als Hoffnungszeichen. Tagungen folgten, auf dem sich die charismatische Leiterschaft der folgenden Jahre formierte. Schloß Craheim in Unterfranken wurde zum Zentrum der bundesdeutschen charismatischen Gemeinde-Erneuerung.

1972 hatten sich bereits 150 charismatische Gesprächskreise gebildet. Vier Jahre später wurde der Koordinierungsausschuß für Charismatische Gemeinde-Erneuerung in der evangelischen Kirche gegründet. Ihr Leiter war zunächst Arnold Bittlinger, von 1978 bis 1988 war es Wolfram Kopfermann, seitdem ist es neben anderen Friedrich Aschoff. Erstmals wurde 1976 auch der theologische Anspruch dieses innerevangelischen Teils der charismatischen Bewegung formuliert, die Würzburger Leitlinien. Zu Beginn heißt es darin: »Die charismatische Gemeinde-Erneuerung ist eine geistliche Erweckungsbewegung innerhalb der Kirche. Sie sieht sich im Schnittpunkt vieler Linien und theologischer und spiritueller Impulse in der gegenwärtigen Christenheit, und ihr liegt daran, in die ganze Breite der Kirche hineinzuwirken. Insbesondere geht es ihr um den Aufbau lebendiger und missionarisch verantwortlicher Gemeinden. In der charismatischen Bewegung machen Menschen Erfahrungen des Heiligen Geistes. Diese Erfahrungen werden im Lichte der kirchlichen Lehre und der theologischen Reflexion durchdacht und artikuliert.«

Gastreferenten aus England und den USA prägten den charismatischen Aufbruch in Deutschland. Bestimmend für die Entwicklung wurde der Hamburger evangelisch-lutherische Pastor Wolfram Kopfermann, ein vormals evangelikaler Theologe, der über Schloß Craheim mit der charismatischen Bewegung in Kontakt gekommen war. Mit Ausstrahlung und taktischer Klugheit sorgte er für den Aufstieg der Charismatiker vor allem in Norddeutschland.

1974 kam er als Pastor an die Hamburger Hauptkirche St. Petri. Von der Gesamtgemeinde kaum beachtet, begann er zwei Jahre danach mit charismatischen Lobpreis-Gottesdiensten in einer kleinen Seitenkapelle der Kirche. Zungenreden und nach außen fröhlich wirkende Gottesdienste zogen immer mehr Besucher an. In Grundkursen des Glaubens vermittelten Kopfermann und sein Mitarbeiterteam die Grundlagen charismatischer Frömmigkeit. Die sonntagabendlichen Gottesdienste wurden bald zum Geheimtip, zu dem schließlich bis zu 1.000 Menschen anreisten.

Mit dem Anwachsen der Anhängerschaft wuchs auch das Selbstbewußtsein Kopfermanns. Konflikte mit dem nichtcharismatischen Gemeindeteil folgten. Die Strategie der Geistlichen Gemeinde-Erneuerung war einfach und höchst wirkungsvoll, so daß bald die Charismatiker den Kirchenvorstand der Hauptkirchengemeinde dominierten.

Doch die kirchenpolitische Macht bedeutete nicht Anerkennung. Dazu spielten zu viele andere Faktoren eine Rolle. Die Öffentlichkeit zum Beispiel machte immer wieder aufmerksam auf die Situation in St. Petri. Etwa wenn Kopfermann zur Verbrennung ungeistlicher Bücher aufrief. Die charismatische »Übernahme« einer ganzen Gemeinde ließ sich nicht so leicht praktizieren wie gedacht. Die Frustration darüber mag ein Grund dafür gewesen sein, daß Kopfermann 1988 dem Bischof den Austritt aus der Nordelbischen evangelisch-lutherischen Kirche erklärte. Die Begründung: Der Pluralismus in der Volkskirche sei ihm unerträglich geworden. Im Grunde werde die Volkskirche nur noch durch Kindertaufe und Kirchensteuer zusammengehalten. Um des lieben Friedens willen werde zu Irrlehren und ethischen Verfehlungen von der Abtreibung bis hin zu Homosexualität weitgehend geschwiegen.

Kopfermann und ein Teil seiner Anhängerschaft gründeten eine eigene Kirche: die freie evangelisch-lutherische Anskar-Kirche. Durch

Spenden getragen, hat sie sich inzwischen in der fundamentalistischen Szene Deutschland etabliert. Für die charismatische Bewegung bedeutete der Austritt des »Star-Predigers« Kopfermann einen tiefen Einschnitt. Sie ist in gewisser Weise zahmer geworden. Zwar fechten ihre Vertreter noch immer Kämpfe in Ortsgemeinden gegen nichtcharismatische Christen aus. Doch scheint der Geistlichen Gemeinde-Erneuerung der lange Atem auszugehen. Als feste Größe innerhalb der Volkskirche kann sie nicht mehr so viel Profil zeigen wie früher. Neidvoll sehen deshalb die innerkirchlichen Charismatiker auf die Tatsache, daß an vielen Orten Deutschlands freie Gemeinden, die keiner Landes- oder Freikirche angehören, entstehen.

Nach langen Kämpfen in seiner Gemeinde zog Kopfermann 1988 die Konsequenz: Mit einem Teil seiner Anhänger gründete er eine eigene Freikirche, die »Anskar-Kirche«.

Kopfermann erhielt damit nicht nur für sich selbst Eindeutigkeit. Auch für die Kirche hatte dieser spektakuläre Schritt gute Folgen: Die verbleibenden Charismatiker waren gemäßigt und durch die Kirchenleitungen handhabbarer geworden.

Die »dritte Welle«

Charismatiker stellen das Wirken des Heiligen Geistes gerne in »Wellen« dar: Die erste Welle sei der Beginn der Pfingstkirche, die zweite der Anfang der charismatischen Bewegung. Die dritte bezeichnet den Beginn einer neuen Art des Geistwirkens, des »Power Evangelism«. Ihre Kennzeichen sind zum einen »Mega-Kirchen«, in denen sich Tausende Menschen zusammenfinden; zum anderen Zeichen und Wunder, die sichtbar geschehen und immer mehr Menschen von der Wahrheit des christlichen Glaubens überzeugen.

Power Evangelism. Der (inzwischen verstorbene) US-amerikanische Prediger John Wimber galt seit Mitte der achtziger Jahre als Hoffnungsträger des Zusammenwachsens von evangelikalen und charismatischen Christen. Sein Konzept überzeugte viele, sowohl theoretisch als auch praktisch: Durch die Demonstration von Zeichen und Wundern in der »Vollmacht Jesu Christi« seien kirchenferne Menschen vom Glauben zu überzeugen. Die Begründung dafür stände in der Bibel, die davon berichtet, daß Jesus umherzog und durch Krankenheilungen und Wundertätigkeit Volksmassen bekehrte. Was Jesus seinen Jüngern befahl, gelte demnach auch heute: »Heilt Kranke, erweckt Tote, macht Aussätzige rein, treibt Dämonen aus!« Die Vollmacht dazu sei Christen heute von Jesus gegeben.

John Wimbers Wirken geht auf eine Vision zurück, die er als Kind hatte: Er sah Feuer vom Himmel kommen, erst auf London, dann auf ganz Europa, schließlich auf ganz Afrika. Achtzehn Jahre später sagte ihm eine Stimme: »Jetzt ist Zeit!«

Toronto-Segen. Zucken, Zittern, Zungenreden: Diese speziellen Erfahrungen kennzeichnen die Bewegung, die aus einer von John Wimber gegründeten »Vineyard-Gemeinde« ausgingen und bis nach Europa wirkten. In den Gottesdiensten fallen Menschen um, weinen, lachen, zittern am ganzen Leib und sprechen in Zungen. Die Gemeindeleiter deuten diese – psychischen und aus der Religionsgeschichte bekannten – Reaktionen als das ungebändigte Wirken des Heiligen Geistes und fassen es als Segen auf. Gott ergreife die Menschen so stark, daß sie die Kontrolle über den eigenen Körper verlieren. In der Bibel finden die Verfechter des Toronto-Segens Hinweise auf dessen Göttlichkeit. »Der Herr ist König, es zittern die Völker«, betet der Psalmist, und fordert: »Freut euch mit Zittern!«

In Deutschland hielt der Toronto-Segen in einigen freien Gemeinden aus dem pfingstlerischen Spektrum Einzug. Daß er »ein neues Wirken des Heiligen Geistes« sei, stand aber für das gesamte charismatische Spektrum außer Frage. Sogar die führenden Vertreter der katholischen und evangelischen Geistlichen Gemeinde-Erneuerung sahen in ihm das »vorbereitende Handeln Gottes«.

Als »exotische Religiosität ohne Rückendeckung des biblischen Wortes« verurteilte jedoch Rolf Hille, Vorsitzender der Deutschen Evangelischen Allianz, den Toronto-Segen. Er fand Zustimmung im gesamten bekenntnisorientierten evangelikalen Lager.

Pensacola. Eine weitere Erlebnis-Steigerung bietet die Erweckung in der US-Stadt Pensacola. Seit Mitte 1995 kamen hier nach eigenen Angaben über 100.000 Menschen zum Glauben. Die Gemeinde hat sich zum Touristenziel für fundamentalistische Christen aus der ganzen Welt gemausert. So etwas wie ein »heiliger Ort« sei die Gemeinde Brownsville in Pensacola, meint der charismatische Kirchengründer Wolfram Kopfermann; zwar sei die Gemeinschaft mit Gott unabhängig von Lokalitäten, allerdings käme es in Pensacola »häufiger und leichter zu tieferen Begegnungen mit Gott«. Merkmal des Pensacola-Segens ist – neben dem vom Toronto-Segen bekannten Phänomenen – das

»Ruhen« und »Fallen im Geist«. Teilweise verharren die Gläubigen stundenlang in einer verzückten Starre, die wiederum auf die persönliche Berührung durch die Macht Gottes zurückgeführt wird. Diesen Phänomenen gehen vom Gerichtsthema durchdrungene Erweckungspredigten voraus. »Was die Welt verrückt nennt und die Christenheit extrem, das nennt Gott normal«, versucht der Evangelist Michael Brown der Gemeinde etwaige Vorbehalte zu nehmen. Mit technischen Effekten unterstützt er seine Botschaft: Als er über die Kreuzigung Jesu spricht, läßt er den Saal abdunkeln und minutenlang Erdbebengeräusche über Lautsprecherboxen einspielen. Zum »Altarruf« strömen regelmäßig Hunderte Menschen nach vorne. Auch Kinder werden in dieser Art erzogen: Bei den »Kingdom Kids« gehören Zucken und »Ruhen im Geist« zur Gottesdienstgestaltung.

Alles Fundamentalismus - oder was ?

Zwar gehören die pfingstlerisch-charismatische und die evangelikale Glaubensrichtung beide der fundamentalistischen Ausformung des Christentums an. Dennoch praktizieren sie völlig unterschiedliche Formen, die sich gegenseitig zum Teil sogar widersprechen.

Die Charismatiker binden sich in fundamentalistischer Weise an ihre religiöse Erfahrung. Ekstatische Gefühle wie Zittern und Fallen werden sofort nach dem Erleben auf die Bibel bezogen. Da auch zu biblischen Zeiten viele verschiedene Frömmigkeitsformen existierten, wundert es nicht, daß die heutigen Charismatiker Belege für ihre Erlebnisse finden. Im zweiten Schritt wird die Reihenfolge Erfahrung - Bibelwort dann umgedreht, so daß es heißt: Weil die Bibel von solchen Erfahrungen berichtet, sollen wir sie heute machen.

Die evangelikalen Fundamentalisten hingegen setzen beim Wort an. Sie sind in gewisser Weise ernsthafter. Setzen die Charismatiker ihr Vertrauen in das eigene Erleben, so bauen die Evangelikalen ihr Glaubensgebäude auf den biblischen Worten auf.

Bei den Wertvorstellungen treffen sich beide Strömungen wieder: Für beide gilt der gleiche, völlig unkritisch übernommene rigide biblische Sittenkatalog.

Abgrenzungen I: Evangelikale und Charismatiker

Wie die Evangelikalen Anfang des Jahrhunderts gegen die Pfingstler argumentierten, so bekämpften sie zunächst auch die Charismatiker in derselben Schärfe und mit denselben Waffen. Ihren letzten Grund hat diese Gegnerschaft im zentralen Unterschied: Während die Evangelikalen ihren Glauben allein auf Wort und Bekenntnis gründen, binden die Charismatiker ihn primär an die Erfahrung des Heiligen Geistes, dessen Anwesenheit sich in der Regel durch Charismen erweise. Die Gottesbeziehung auf der Grundlage von Charismen, so argumentieren Evangelikale weiter, war nur solange möglich, wie es das Wort, das Neue Testament in der Endfassung, noch nicht gab - also nur im ersten Jahrhundert nach Christ Geburt. Sobald der neutestamentliche Kanon vorlag, galt und gilt der Grundsatz: Der Glaube ist allein gebunden an Wort und Schrift. Seitdem seien Erfahrungen, so schön sie auch sein mögen, das denkbar unsicherste Fundament des Glaubens.

Nach etlichen öffentlichen Schlagabtauschen zwischen Charismatikern und Evangelikalen werden auch hier die Grenzen immer poröser. Denn mit ihrem erfahrungsorientierten Glaubensleben ziehen charismatische Gruppen viel mehr Menschen als die eher trockenen Evangelikalen an. Beide Stränge wissen: Kirchenpolitische Macht und gesellschaftlicher Einfluß ist in den kommenden Jahren nur zu erreichen, wenn Evangelikale und Charismatiker gemeinsam eine Alternative zu den von beiden als geist- und profillos angesehenen Volkskirchen bieten. Zusammenarbeit von gemäßigten Vertretern beider Gruppen wie etwa beim »Christival«, beim christlichen Ferienprojekt »Spring« und in neuen Zeitschriftenprojekten wie »Family« belegen diese Vereinigungstendenzen.

Abgrenzungen II: Volkskirche und Fundamentalisten

Schulterschlüsse schmieden die Evangelikalen und die Charismatiker hingegen in ihrer Kritik an der Volkskirche; sie gilt beiden als Feindbild. In einem in beiden Gruppen vielbeachteten Buch faßte der Volkskirchen-Aussteiger Kopfermann seine Kritik in einem Buch zusammen. »Abschied von einer Illusion« lautet der Titel. Es ist eine große und mit vielen Belegen gespickte Ausführung der Ansicht, daß der Pluralismus der »Totengräber der Kirche« sei. Hauptsächlich seien zwei Bereiche Ursachen für die Geistlosigkeit der Volkskirche: Zum einen die Praxis der Säuglingstaufe. Die Kirche formuliere nur den Zuspruch Gottes an die Menschen - den Anspruch jedoch verschweige sie. Diese Praxis sei Grund dafür, daß sich so viele Menschen zwar als Christen bezeichnen, es aber eigentlich gar nicht mehr seien. Allein aus Existenzgründen behalte die Volkskirche die Säuglingstaufe bei. Das zweite Problem sei der Pluralismus. Auch in der Kirche würden mehrere Auffassungen zu Glaubensfragen mit der gleichen Berechtigung propagiert, klagen die Fundamentalisten. Darüber gehe das Evangelium verloren. »Wenn alles gleich gültig ist, wird alles gleichgültig«, lautet ein beliebtes Bonmot. Statt Orientierung zu geben, würde die Volkskirche die Gläubigen der Beliebigkeit überlassen.

In vielen Kritikpunkten an der Volkskirche haben die Fundamentalisten recht. Selbstverständlich steht der Gottesdienstbesuch in herkömmlichen Gemeinden in krassem Gegensatz zur Mitgliederzahl. Und leider stimmt es, daß die Volkskirche zu wenig Profil zeigt und nicht etwa aus Prinzip, sondern aus Verlegenheit und Angst meistens keine deutlichen Stellungnahmen aus christlicher Sicht trifft. Die Fragen und Probleme liegen offen und werden auch von nicht-fundamentalistischen Theologen (wie in letzter Zeit vom Fernsehpfarrer Jürgen Fliege) gestellt. Die Antwort der Fundamentalisten kann jedoch wegen ihrer dialog- und konsensfeindlichen Grundvoraussetzung nicht sinnvoll sein. Die Kontrastierung der Volkskirche mit der »Urkirche« und dem »neutestamentlichen Christentum« ist verlockend – übersieht aber, daß es auch im Neuen Testament viele unterschiedliche Frömmigkeitsformen gab, »Starke« und »Schwache« (wie Paulus sie nennt), elitäre und demütige, enthusiastische und intellektuelle. Die Bibel legitimiert eher die Vielfalt der Konfessionen als eine Einheitskirche.

Literatur

Gerhard Bially: Wenn Warten sich lohnt. Erweckung in Pensacola, Düsseldorf 1997

Uwe Birnstein: Neuer Geist in alter Kirche? Die charismatische Bewegung in der Offensive, Stuttgart 1988

Handbuch Religiöse Gemeinschaften, hg. Von der VELKD, Gütersloh 1993

Reinhard Hempelmann: Licht und Schatten des Erweckungschristentums. Ausprägungen und Herausforderungen pfingstlich-charismatischer Frömmigkeit, Stuttgart 1998

Thomas M. Hofer: Gottes rechte Kirche. Katholische Fundamentalisten auf dem Vormarsch, Wien 1998

Walter J. Hollenweger: Charismatisch-pfingstliches Christentum, Göttingen 1997

Ernst Käsemann: Der Ruf der Freiheit, Tübingen 1972

Wolfram Kopfermann: Abschied von einer Illusion, Hamburg/Mainz 1990

Jürgen Tibusek: Gottes umwerfender Segen. Der Toronto-Segen – eine Orientierung, Gießen/Basel 1997

Der Teufel ist der größte Feind:

Geistliche Kampfführung

Gebt nicht Raum dem Teufel.
Epheser 4,27

Mit siebentausend Menschen ist das Messezentrum der englischen Stadt Birmingham vollbesetzt. »Power Evangelism« stand auf dem Programm der Konferenz »ACTS«. Drei Tage lang praktizierte der kalifornische Prediger John Wimber »Power Evangelism«: »Evangelisation in der Macht des Geistes«. Machtvoll geht es zu: Mal mit seichten, mal mit markigen Worten bringt John Wimber die Arena zum Brodeln. Süßliche Klänge von Keyboard und Chor, dazu rhetorisch perfekte Sätze mit bassiger Stimme. Nur durch das Demonstrieren von Zeichen und Wundern sei es heute noch möglich, die zweifelnden Menschen vom Glauben an Jesus Christus zu überzeugen, erklärt Wimber. Schwerpunkt des Wirkens Jesu damals seien Krankenheilungen gewesen; dadurch seien die Menschen gläubig geworden. Und da zu Zeiten Jesu Sünde und dämonische Kräfte Ursache von Krankheiten gewesen seien, wie es ja in der Bibel stehe, müsse man diesen Kräften heute auch Kontra geben.

Das Publikum bekundet durch Beifall seine Zustimmung. Ein Ritual folgt, bekannt aus unzähligen Gottesdiensten des charismatischen und pfingstlerischen Lagers. »Wenn Sie krank sind: Bitte heben Sie Ihre Hand hoch, damit wir Sie sehen können«, fordert Wimber die Menschen auf. Hunderte Arme recken sich in die Höhe. Die Aufgabe: In kleinen Gruppen sollen sich die anwesenden Christen um diese kranken Glaubensgeschwister stellen und sie segnen – auf daß sie gesunden. Die Band spielt Lobpreislieder. Überall im Saal stehen Gruppen von zehn bis zwölf Menschen, nehmen die Kranken in ihre Mitte. Hände legen sich sternförmig auf die Hilfesuchenden. Durch den Musikteppich sind Gebete zu hören.

»Weiche, Satan!«

Mitten im Getümmel eine Frau im Rollstuhl: nicht nur körperlich, auch geistig behindert. Auch um sie herum haben sich Beter versammelt. Doch beim Händeauflegen bleibt es hier nicht. »In Jesu

Namen«, ruft ein älterer Mann der Behinderten zu, »verschwinde, Satan! Weiche von dieser Frau!« Litaneiartig wiederholt der Mann die Formel. Einige der Umstehenden helfen ihm; sie halten die Frau fest. Die empfindet die Szenerie offensichtlich als Bedrohung. Wild schlägt sie um sich, ihr Kopf bewegt sich hin und her, sie ruft »nein«. Speichel rinnt ihr aus dem Mund. Immer wieder zeichnet der Teufelsaustreiber auf Stirn und Brust der Frau das Kreuzeszeichen. Die Frau spuckt ihn an. Der Mann fährt unbeirrt fort: »Weiche von ihr, Satan - im Namen Jesu!« Eine dreiviertel Stunde lang dauert die Szenerie. Keiner der umstehenden Menschen greift ein. Die Frau wird nicht geheilt. Sie konnte nicht aufstehen und konnte nicht sprechen. Nach kurzer Beratung fahren sie ihre Peiniger heraus.

Ein junger Mann erklärt mir sein Weltbild: Gott habe vor der Erschaffung der materiellen Welt eine spirituelle Dimension geschaffen. Dort sei der Teufel entstanden; er existiere jetzt noch immer und sei letztlich für alles Böse, für alle Krankheiten und Unfälle verantwortlich.

Die Zweiteilung der Welt in Gott und Teufel, in Gut und Böse, ist einer der Grundpfeiler jeder christlich-fundamentalistischen Gruppe. Sie alle sehen die Welt in einem nicht nur symbolhaften, sondern realen Kampf zwischen dem Reich des Bösen und dem des Guten. Am Ende der Zeiten wird Gott den Teufel und seine Helfershelfer in die Schranken gewiesen haben. Dann regiert Gott alleine und wird den gläubigen Christen ewiges Leben schenken.

Exorzismus ist in der katholischen Kirche Deutschlands seit einigen aufsehenerregenden Fällen heute umstritten. In Rom und anderen Ländern allerdings treiben amtlich bestellte Priester nach eigenen Angaben regelmäßig Tausende Dämonen aus. Sie wenden Liturgien an, die bis ins Mittelalter zurückreichen.

»Geistlicher Befreiungsdienst«

Die evangelisch-fundamentalistischen Teufelsaustreiber Deutschlands sind vorsichtig geworden. »Geistlichen Befreiungsdienst«: mit diesen vornehmen Worten beschreiben sie ihren Exorzismus. Selbst die mittlerweile volkskirchlich domestizierte Geistliche Gemeinde-Erneuerung hält unbeirrt an der Notwendigkeit der Teufelsaustreibungen fest. Sie mißt dem »Dienst« eine so große Bedeutung bei, daß sie ihm ein eigenes »Werkstattheft« widmet. Verfaßt ist es von dem Londoner Regionalbischof Graham Dow; als Legitimation seiner Kompetenz berichtet er freimütig, daß er selbst von Geistern besessen war. Er habe sich einen Geist eingehandelt, der ihn würgen ließ, während er das Abendmahl austeilte. »Keiner dieser Geister war sehr stark, aber sie behinderten mein christliches Leben, und ich bin froh, daß ich sie los bin.«

Dow erklärt, daß der »Umgang mit Geistern« und Dämonen zum »Routineprogramm der Jünger« Jesu gehörte. Den biblischen Auftrag zur Dämonenaustreibung sieht Dow von Paulus gegeben: »Zieht an die Waffenrüstung Gottes, damit ihr den listigen Anschlägen des Teufels standhalten könnt. Denn unser Kampf geht nicht wider Fleisch und Blut, sondern wider die Gewalten, wider die Mächte, wider die Beherrscher dieser Welt der Finsternis, wider die Geister der Bosheit in den himmlischen Regionen.«

Praktisch erklärt Dow, wie man böse Geister erkennen kann. »Dämonen werden nie sagen, daß Jesus Christus auf dieser Erde Menschengestalt annahm oder daß Jesus Herr ist.« Geister wirken in verschiedenster Art, versuchen immer, die Menschen, von denen sie Besitz ergriffen haben, vom Glauben abzuhalten. Zum Beispiel sorgen sie für »gewisse Unruhe einer Person oder Körperbewegungen während des Gebets oder der Anbetung« – bis hin zur Zerstörung von Abendmahlsgefäßen und zum »Verunstalten von Bibeln und Kirchen«. »Geister in Menschen werden eine irrationale Opposition gegen gläubige Menschen oder gute Projekte erregen – oft ohne ersichtlichen Grund«, weiß Dow; außerdem können »Spott, unangemessenes Lachen, zwanghaftes Reden« bei seelsorgerlichen Handlungen oder Heilungsgebeten Hinweise auf Geister sein. Liege einer dieser Hinweise vor, könne ein Christ relativ einfach prüfen, ob ein Dämon anwesend ist: er »kann im Namen Jesu Christi jedem anwesenden Geist befehlen, sich zu erkennen zu geben. Klare Hinweise dafür treten dann recht häufig auf, zum Beispiel durch unkontrollierbare Körperbewegungen oder Schmerzen.«

Steht die Diagnose, könne jeder Christ in den »geistlichen Kampf zwischen zwei Königreichen« eintreten und die Dämonen austreiben. Da die Sünde Einfallstor für böse Geister sei, müsse sie zunächst vor anderen Christen gebeichtet werden – auch »Seitensprünge, Lüsternheit« gehören laut Dow dazu. Schwieriger sei es, wenn »ein komplexes Gewebe von Sünde schon über mehrere Generationen aufgebaut« worden sei. Nach der Sündenbeichte müsse der Besessene »sich von aller eigenen okkulten Verstrickung und der seiner Vorfahren lossagen, einschließlich aller Hexerei und Satanismus, ebenso Freimaurerei.« Am Ende des »Befreiungsdienstes« steht ein Bekenntnis zu Jesus Christus »als Herrn über alles und als seinen eigenen Herrn und Retter aus der Sünde.«

Daß die Austreibung nicht sauber vonstatten geht, schärft Dow seinen Lesern ein. »Husten tritt häufig auf, gelegentlich Erbrechen«, weiß er, denn »die meisten Geister verlassen die Person durch den Mund, manche so wie sie kamen, zum Beispiel über die Augen, über Öffnungen der Geschlechtsorgane oder über die Finger. Sie klammern sich an bestimmte Körperteile, aber das kann im Namen Jesu gelöst werden.«

Wie? Das zeigten in Nürnberg chrismatisch-pfingstlerische Christen. Sie hatten eine junge Frau gegen ihren Willen vaginal und anal mit Babyöl bestrichen, um die Dämonen dort zu besiegen, wo sie angeblich eingedrungen waren. Inzwischen ist der Fall aktenkundig; die Exorzisten wurden zu empfindlichen Haftstrafen verurteilt.

Der Holocaust als Satanswerk

Zum Beispiel eine Frau, die freimütig ihre »Befreiung« schildert. Sie hörte »Stimmen überall - in mir, um mich. Bettwäsche, Papiere, elektrische Geräte, Plastiktüten, Wasser - alles wurde zu ›Tonträgern‹. Das Herz begann zu rasen. Die Stimmen wurden unflätig, gaben mir Befehle. Und dann das Frieren bei Tag und Nacht. Kein normales Frieren. Eindeutig Todeskälte. Ich war dem Wahnsinn nah ...« Statt einen Nervenarzt zu konsultieren, spricht die Frau mit einem Pastor. »Sie müssen umkehren und Ihr Leben Jesus anvertrauen«, empfiehlt ihr der Seelsorger. »Auch wenn ich nicht wußte, wer dieser Jesus ist, sprach ich ergeben die Gebete am Telefon nach, wurde durch das Blut Jesu gereinigt.« Die Frau reinigte ihre Wohnung »gründlich von allen Büchern, Kassetten, jeglichem okkulten Kram«. Nun stand die »Befreiung« an - und die dauerte neun Monate lang. Dramatisch müssen diese exorzistischen Sitzungen gewesen sein.

»Ich erinnere mich, daß meine gefalteten Hände auseinandergerissen wurden; ich ›sollte‹ nicht beten! Ich schlug während des Befreiungsdienstes Gesangbücher zu, tobte, schrie, schlug um mich, hielt mir während des Lobgesanges die Ohren zu. Mein Körper wurde hochgerissen, niedergeworfen, mein Herz raste. Ich merkte: ›Sie‹ wollten mich zerstören, aber nicht weichen. Der Befreiungskampf dauerte neun Monate und ging manchmal bis zur Erschöpfung - für alle Beteiligten. Dabei manifestierten sich noch andere Geister. Ich war stark vorbelastet durch die NS-Vergangenheit meines Vaters. Unter dem Zeichen des Hakenkreuzes wurde ich gezeugt.«

Eine Art Sippen-Kharma machten die Verantwortlichen also für die Besessenheit der Frau verantwortlich. So wie in der Vorstellung des biblischen Judentums eine Schuld über Generationen hinweg übertragen werden kann, soll auch die Frau die personifizierte Schuld ihrer nationalsozialistisch geprägten Eltern in der Geburt mitbekommen haben.

Daß die NS-Zeit nicht auf politischen Massenwahn, sondern auf das Wirken des Teufels zurückgeht: diese Ansicht vertreten viele christlich-fundamentalistische Kreise. »Wie kann man nach Auschwitz noch an der Existenz satanischer Mächte zweifeln?« fragt Pfarrer Friedrich Aschoff, der Vorsitzende der Geistlichen Gemeinde-Erneuerung. Folge dieser Einstellung: Nicht nur Menschen, auch Orte, ja ganze Nationen können »befreit« werden.

Jesus-Märsche gegen Orts-Dämonen

»Geistliche Kampfführung« nennt sich dieser globale Machtkampf. Sein Fernziel ist Mission. Denn solange vom Satan eingesetzte böse Mächte über Orte und Völker herrschen, könnten sich die Menschen nicht zu Jesus bekehren. Gläubige Christen hätten mit der »Gabe der Unterscheidung« das nötige Instrumentarium, um die bösen Geister zu identifizieren. Geradezu eine Verpflichtung sei es, den Kampf mit den Dämonen aufzunehmen, sie zu vertreiben. Das könne durch intensives Gebet vieler Christen geschehen.

Im März 1993 machten sich 250 vorwiegend charismatische Christen von Berlin nach Moskau auf zu einer »Gebets-Expedition«. An Orten der Nazi-Tyrannei wollten sie beten und die dunklen Mächte in die Flucht schlagen. Der geistliche Kampf wurde für sie erfahrbar, schreiben sie in einem Bericht. Als sich etwa »eine Decke von Schwere und Depression auf die ganze Gruppe« legte, meinten sie, sich in »direkter Auseinandersetzung mit den geistlichen Fürstentümern über Polen« zu befinden.

In größerem Maß diente ein Großereignis in Berlin der geistlichen Kampfführung: Der »Jesus-Marsch«, an dem 25.000 Christen des fundamentalistischen Spektrums teilnahmen.

Besonders der Berliner Bezirk Kreuzberg steht im Visier einiger Christen. Der Stadtteil im Herzen Berlins sei durch frühere Zeiten besonders belastet, heißt es in einem Papier pfingstlerisch-charismatischer Christen, Opferstätten der Germanen und Wenden seien im heutigen Kreuzberg gewesen; die Tempelritter hätten hier dem »Götzen Baphomet« gehuldigt. Während der Nazizeit sei Kreuzberg Sitz vieler »Stützpunkte des Nazi-Terrors« gewesen. Die frommen Christen resümieren: »Der Starke (Matthäus 12,29) über Kreuzberg ist ganz eindeutig in dem Dämon Baphomet zu sehen. An dessen Verehrung und der vorhergehenden Germanen- und Slavenkulte lassen sich direkt und zweifelsfrei aktuelle Kreuzberger Widerstände gegen das Evangelium herleiten.« Die Kulte von früher finden heute ihre Entsprechung. »Perversion (maskuline und feminine Homosexualität), Hexenwesen, extreme Männerfeindlichkeit« weise auf den alten Kult um einen »androgynen Geist« hin. Die »Irrlehren (Sozialismus, Basisdemokratie, Kommunismus, New Age, Islam)« seien Spätfolgen der Verkündigung der jüdischen Kabbala-Mystik. Dieselben Energien, die Kreuzberg zu Zeiten des Dritten Reiches gefangen hätten, würden sich heute weiter entfalten »über hohe Islam-Konzentration, faschistoide grün-alternative, rote und okkult-feministische Szene«. Im Gebet, so die Lehre, könnten Dämonen des Ortes verwiesen werden. Folge sei, daß die christliche Mission mehr Erfolg habe.

Im gesamten neupfingstlerischen Umfeld scheint sich die »geistliche Kampfführung« als Hauptthema der Fundamentalisten zu etablieren. Eine ganze Woche lang waren beispielsweise die Mitglieder der Düsseldorfer »Jesus-Haus-Gemeinde« aufgefordert, für die »Isaiah 54 Ministries« in den USA zu beten. Arbeitsschwerpunkt dieser Gemeinde: »die Zerstörung von Bollwerken der Finsternis über der Insel (Long Island) und die Öffnung neuer Türen für die Evangelisation.«

Afrikas Jenseits

»Der Teufel hat seine Heerscharen aufgeboten: Ran an den Feind!« So direkt und unverhohlen wie der deutsche Afrika-Prediger Reinhard Bonnke sprechen die wenigsten christlichen Fundamentalisten. Eine Biographie über Bonnke heißt konsequent »Die Hölle plündern«. Der Autor Ron Steele, ein Mitarbeiter des Teams von »Christus für alle Nationen«, schildert Bonnke als »Apostel Afrikas«. Glaubt man ihm, dann muß Bonnke tatsächlich ein zweiter Jesus sein, der Wunder tat, der in direkter Verbindung zu Gott steht – und der Teufel verscheucht. Legendengleich berichtet Steele, wie Bonnke im südafrikanischen Homeland Vendaland sein Missionszelt am Fuße eines Berges aufbaute, der von den Einheimischen als Sitz böser Geister gefürchtet wurde. Während einer Missionspredigt Bonnkes habe ein heftiges Unwetter eingesetzt; das Zelt drohte einzustürzen. Als sein Team das Zelt abbauen will, schreitet Bonnke »wie ein Feldwebel zu der Zeltmannschaft« und befiehlt ihr: »Ich nehme alle Verantwortung von euch, wenn etwas schiefgeht. Im Namen Jesu übernehme ich die volle Verantwortung; aber das Zelt wird nicht abgebrochen.« Das »Wunder« geschah nach kurzer Zeit: Die Sonne begann zu scheinen. Die Einheimischen habe das überzeugt – sie hätten nun ein neues Lied gesungen: »Jesus ist stärker als die Dämonen auf dem Berg ...« Einige Zeit später, bei einer Evangelisation in Transvaal, hatte Bonnke noch mehr zu kämpfen. Wieder drohte ein Unwetter, seine Mission zu verhindern. »Kein Zweifel, Satan forderte seinen Glauben heraus«, schreibt Steele. Bonnke wendet sich den schwarzen Wolken zu. Steele: »Und dann geschah vor meinen Augen etwas fast Unglaubliches. Wind und Regen wichen nach rechts und links aus und machten einen Bogen um das Zelt ... Satan war besiegt ... Glaube läßt Satan und seine höllischen Horden fliehen.«

Literatur

Klaus Berger: Wozu ist der Teufel da? Stuttgart 1998

Clive S. Lewis: Dienstanweisung an einen Unterteufel, Moers 1995

Josh McDowell/Don Stewart: Dämonen, Hexen und das Okkulte, Marburg 1992

Gustav Roskoff: Geschichte des Teufels, Nördlingen 1987

David Watson: Jüngerschaft, Hochheim/Main o. J.

»Die Hölle plündern«:

Ein Missionar als Mähdrescher Gottes

Im Sommer 1995 hatten die Briefträger ungewöhnliche Post auszuteilen. 40 Millionen Haushalte in Deutschland, Österreich und der Schweiz bekamen ein Geschenk. »Vom Minus zum Plus« prangte in goldenen Lettern auf den Hochglanz-Heftchen, die wegen ihrer professionellen Aufmachung jeden Gemeindebrief in den Schatten stellten. Die Evangelisationsbroschüren waren Herzstück der bislang größten PR-Kampagne für den christlichen Glauben.

Absender war nicht die jeweilige Ortsgemeinde, sondern ein Werk mit dem Namen »Christus für alle Nationen« (»CfaN«). Rund 36 Millionen Mark ließ sich das Werk des pfingstlerischen Missionars Reinhard Bonnke diese Aktion kosten.

»Wir alle spüren und wissen, daß wir es mit einem direkten Auftrag des Herrn zu tun haben – und halten Kurs!« Der Evangelist Reinhard Bonnke, früher nur für seine Massenevangelisationen in Afrika bekannt, hatte Deutschland, Österreich und die Schweiz als Missionsländer in das Zentrum seiner Aktivitäten gestellt. Reinhard Bonnke nennt seine Broschüre eine »erstklassige Präsentation in Wort, Bild und Gestaltung«, geschrieben »auf die ganz klare Anweisung des Herrn«. Diese Anweisung hat den vorher nur in Insiderkreisen bekannten Reinhard Bonnke mit einem Schlag zu einem der bekanntesten Evangelisten Deutschlands gemacht.

Gebete gegen den Kommunismus

Wer ist der Prediger, der eine so große Beachtung findet? Reinhard Bonnke wurde 1940 in Ostpreußen geboren. Seine Vater wurde unter dem Eindruck des Krieges zum pfingstkirchlichen Prediger in Schleswig-Holstein; der Sohn entschloß sich, ebenfalls Evangelist zu werden. Er besuchte eine evangelikal geprägte theologische Ausbildungsstätte in Wales, arbeitete kurze Zeit als Prediger in Flensburg und ging dann als Missionar nach Südafrika. Dort wurde der spätere Generalsekretär des Südafrikanischen Kirchenrates, Frank Chikane, zu einem seiner Mitarbeiter, der sich später an diese Zusammenarbeit erinnerte: »Ich verbrachte ein sehr schmerzliches und aufregendes Jahr mit Pastor Bonnke.« Schmerzlich vor allem, weil

Bonnke unter dem Deckmantel des Christentums Apartheid verkündigt habe. Letztendlich sei es Bonnke nur darum gegangen, schreibt Chikane in seiner Biographie, »daß Schwarze sich abfanden mit dem Status Quo«. Frank Chikane berichtet darüber, daß Bonnkes Team vollen Herzens gegen den Kommunismus betete, während in den eigenen Reihen Apartheid praktiziert wurde. Chikanes Fazit: Bonnkes Art von fundamentalistischem Christentum sei »die größte Bedrohung unseres Glaubens, größer noch als der Atheismus. Schon nach der biblischen Tradition ist Gott mehr erzürnt über die Hure Israel als über die heidnischen Völker. Er ergrimmt mehr über Israels Götzendienst als über die religiösen Praktiken anderer Völker.«

Chikane verließ das Evangelisationsunternehmen, und Bonnke ging seinen Weg allein weiter. Schrittweise erlernte und erprobte er die Methoden der Massenevangelisationen, und je erfolgreicher er als Prediger war, desto stärker mußte er wahrnehmen, daß der Standort Südafrika für eine kontinentale Evangelisations-Initiative von Nachteil war, denn der Boykott des Apartheid-Staates durch die übrigen afrikanischen Staaten versperrte auch Bonnke den Weg nach Norden.

Wohl deshalb verlegte er 1986 seine Zentrale nach Deutschland und weitete seine Evangelisationskreuzzüge auf den Westen und Osten Afrikas aus. Binnen kurzer Zeit wurde Reinhard Bonnke dort zu dem Prediger, der die größten Menschenmassen anzog. Er setzte ein Evangelisationszelt mit über 30.000 Plätzen ein, aber auch das war bald nicht mehr groß genug, um die wachsende Zuhörerschaft aufzunehmen. Selbst Fußballstadien reichen häufig nicht mehr aus. Bonnke erreicht ein Millionenpublikum und nimmt für sich in Anspruch, viele tausend Menschen zu Christus bekehrt zu haben.

Unruhestifter

Worin sind diese Erfolge begründet? Zunächst einmal hat Bonnke eine exzellente Organisation hinter sich. Das unterscheidet ihn von praktisch allen lokalen Evangelisationspredigern und bisher auch von den (kleineren) Evangelisationen von US-Predigern in Afrika. Schon Monate vor einem »Kreuzzug« reisen Bonnke-Mitarbeiterinnen und -Mitarbeiter in das betreffende Land und bereiten die Kampagne vor. Sie nehmen Kontakt zu konservativen Kirchenführern auf und sprechen bei Regierungsvertretern vor, wobei vermutlich diskret auf die guten Beziehungen Bonnkes zu wichtigen deutschen

Politikern verwiesen wird. So wurde zum Beispiel ein Foto verbreitet, das Bonnke zusammen mit dem ehemaligen Bundesverteidigungsminister Gerhard Stoltenberg zeigt. Als das Nachrichtenmagazin »Focus« Stoltenberg auf seine Verbindungen zu Bonnke ansprach, äußerte der: »Ich habe Herrn Bonnke nie eingeladen. Ich würde den Herrn auf der Straße wohl auch nicht einmal erkennen.« Aber wer liest in Afrika schon »Focus« und kann überprüfen, wie eng die Verbindungen Bonnkes zu den Mächtigen in Bonn nun wirklich sind! Häufig sucht der Evangelist die deutschen Botschafter in den Gastländern auf. In einem Bericht Bonnkes über eine Evangelisation in Bangui (Zentralafrikanische Republik) im Februar 1972 heißt es: »Normalerweise statten wir bei der Ankunft in einem Land, wenn irgend möglich, der deutschen Botschaft einen Höflichkeitsbesuch ab, doch in Bangui wollte uns erstmals der deutsche Botschafter nicht sehen. Wir seien ›Unruhestifter‹, hieß es ganz undiplomatisch.«

Große Unruhe hat das Bonnke-Team beispielsweise im Herbst 1991 in Nigeria ausgelöst. »Kano ist zu 92 Prozent islamisch, doch wir glauben an einen mächtigen Sieg Jesu Christi. Mir ist es ein großes Bedürfnis, alle unsere Fürbittenreserven zu mobilisieren, weil es ein heißer Kampf zu werden scheint.« Um seinen Unterstützern die Spendierhosen zu weiten, wählte Reinhard Bonnke wie immer markige Worte. Wenig später las sich der Brief wie eine fatale Prophezeiung: Über 300 Menschen wurden Opfer religiöser Unruhen, die sich am Besuch des deutschen Evangelisten in der nigerianischen Stadt Kano entzündeten. Moslemische Fundamentalisten hätten eine »regelrechte Hetzjagd« auf die wenigen Christen in der Stadt veranstaltet, berichteten Augenzeugen. Während die Kirchen brannten und seine Glaubensgeschwister um ihr Leben fürchteten, flog die nigerianische Polizei Bonnke und sein Team nach Lagos aus. »Es ist tragisch, tut mir sehr leid«, erklärte er laut BILD-Zeitung; »hätte ich gewußt, was passiert – ich wäre nie hingegangen.«

Die mitleidheischende Erklärung des fundamentalistischen Pfingstpredigers ist schnell als mühsame Rechtfertigung zu entlarven. Denn natürlich hätte der Afrika-erfahrene Bonnke um die religiösen Unruhen wissen können, die Nigeria in der Vergangenheit heimsuchten: 1980 über 4000 Tote in Kano; 1982 brannten Kirchen in Kaduna; 1987 wurden 20 Christen getötet; wenige Monate vor der Bonnke-Evangelisation fielen im Norden Nigerias mindestens 246 Menschen dem Kampf zwischen Moslems und Christen zum Opfer. Das Faß zum Überlaufen brachte das Auftrittsverbot für einen prominenten mohammedanischen Geistlichen. Während die Muslims auf ihren Prediger verzichten mußten, sollte Bonnke ungehindert missionieren dürfen.

Daheim im sicheren Deutschland gab sich Bonnke wenig einsichtig: »Die Mohammedaner sind von uns nicht provoziert worden!«, erklärte er auf einer Pressekonferenz. Das mag in der Hinsicht stimmen, daß Bonnke bei seinem Besuch gar nicht zum Predigen gekommen war. Doch verrät schon die Sprache Bonnkes militantes Christentum, das gerade in den Ohren fundamentalistischer Mohammedaner wie eine Keule wirkt: Von Kapstadt bis Kairo will er »das Feuer Gottes« entfachen. »Geistliche Kampfführung«, »Waffen Gottes«, »die Hölle plündern« – derartige Ausdrücke zeigen die Aggressivität des Missionsverständnisses des »Mähdreschers Gottes«.

Mit seiner Kreuzzugmentalität macht Bonnke sich und sein Missionswerk »Christus für alle Nationen« (CfaN) zum Vorreiter des in Nigeria vorherrschenden Christentums. Ständig durchziehen irgendwelche »Kreuzzüge« das Land, »Mega-Kirchen« nach nordamerikanischem Strickmuster gründen nach eigenen Angaben mehrere Gemeinden am Tag, und ein Buch mit dem Titel »Who Is This Allah?« ist zum Bestseller unter Christen pfingstlerischer Frömmigkeit avanciert. Mohammed hätte denselben Geist wie Hitler, ist darin zu lesen, und: »Allah ist Satan. Der Teufel hält alle islamischen Länder in den Fesseln falscher Religion.« Kein Wunder also, daß das westliche Importchristentum in dem moslemisch geprägten Nigeria auf Widerstand stoßen mußte. Besonders die Fundamentalisten aus dem gegnerischen Lager rufen solche Kampfschriften auf den Plan. Sie reagieren mit nicht minder harten Verurteilungen.

Freundschaft mit Präsidenten

Die etablierten Kirchen Afrikas stecken im Dilemma. Einerseits empfinden sie Bonnkes Einsätze als Konkurrenz – andererseits wollen sie nicht außen vor bleiben, wenn das Volk evangelisiert und begeistert wird. Die konkrete Not der afrikanischen Bevölkerung liegt ihnen jedenfalls mehr am Herzen als schnelle Massenveranstaltungen. Ein Sprecher der Ugandischen Kirche faßte nach einem Bonnke-Kreuzzug zusammen: »Bestehende Kirchen liefern keine Beruhigungsmittel für die von Armut Geschlagenen, aber die Bonnkes und Swaggarts liefern sie. Deswegen sind sie eine Bedrohung für die großen Kirchen Ugandas.«

Allein schon um nicht in den Verdacht zu geraten, die Religionsfreiheit zu behindern, stimmen auch islamisch geprägte Regierungen wie die von Burkina Faso inzwischen den Evangelisations-Aktionen Bonnkes zu. Auf dieser Zustimmung läßt sich dann aufbauen. Mittlerweile haben viele Präsidenten Bonnke während seiner Evangelisationen empfangen, worüber dann (wie alle Aktivitäten der jeweiligen Präsidenten) ausführlich von den lokalen Medien berichtet wird. Das ergänzt die übrigen professionell geplanten Werbemaßnahmen für die Evangelisationsaktion. Auch in verschiedenen Parlamenten hat Bonnke inzwischen schon gesprochen, wobei er besonders in muslimisch dominierten Ländern durch eine vorsichtige Wortwahl gute Stimmung macht. In Ländern wie Kenia und Sambia kann Reinhard Bonnke auf freundschaftliche Beziehungen zu den Präsidenten bauen. Der sambische Präsident Frederick Chiluba sagt von sich selbst, er habe bei einer Evangelisation Bonnkes die Taufe des Heiligen Geistes empfangen.

Schwieriger ist in vielen Ländern das Verhältnis zu den großen, seit langem bestehenden Kirchen. Viele Kirchenvertreter haben Vorbehalte gegen den Prediger, aber wollen auch nicht, daß die Gläubigen unter Bonnkes Einfluß zu Pfingstkirchen und anderen neuen Kirchen abwandern. So beteiligen sich nicht wenige Kirchen an Bonnkes Großevangelisationen. Von einer Evangelisation in Gabun im Jahre 1992 berichtet Bonnke allerdings: »Das religiöse Christentum reagierte mit aller Gewalt. Erzbischöfliche Kirchenbriefe wurden verlesen, in denen jedem die Exkommunikation angedroht wurde, der unsere Evangelisation besuchen würde - und das waren in sechs Tagen insgesamt mehr als ein Drittel der gesamten Landesbevölkerung. Da sieht man mal wieder, wie ohnmächtig die Pharisäer sind!« Mit sogenannten »Feuerkonferenzen« spricht Bonnke Pfarrer und Evangelisten an und bietet ihnen eine Einführung in seine Theologie, womit er die ohnehin überall in Afrika vorhandenen pfingstkirchlichen Tendenzen verstärkt.

Perfekte Planung und Organisation der Veranstaltungen sorgen dafür, daß nicht nur große Menschenmassen kommen, sondern auch beeindruckt bleiben und dem Programm stundenlang folgen. Höhepunkte sind jeweils die Heilungen. Immer wieder berichten die Publikationen von CfaN von Krankenheilungen: »Beim Gebet für die Kranken geschahen viele Heilungswunder. Krücken flogen durch die Luft, taube Ohren öffneten sich ...« Die Heilungen sind nicht nur spektakulär, sondern sie treffen auch auf eine Situation afrikanischer

Länder, in der die Gesundheitsversorgung vielerorts schlecht oder gar nicht mehr vorhanden ist.

Nicht zu übersehen ist außerdem, daß der Erfolg bei einer Massenevangelisation Neugier weckt und Menschen veranlaßt, zu einer Evangelisation in ihrer eigenen Stadt zu gehen. Schon früh erkannte Reinhard Bonnke: »Die Öffentlichkeit ist nicht an Bildern von einer Handvoll Leuten interessiert. Große Massen beeindrucken.« Und daß große Massen kommen, dafür sorgt auch die klare Botschaft der Predigten. Der Teufel wird beim Namen genannt, und ihm wird die Heilsbotschaft entgegengestellt. Die Aussicht, am Sieg Christi beteiligt und von Schuld und Sünde befreit zu sein, veranlaßt Zehntausende, sich bei Massenevangelisationen Bonnkes zu Christus zu bekennen.

Die Erfolge in Afrika ermutigten Bonnke, auch auf anderen Kontinenten zu predigen und den Slogan »Christus für alle Nationen« in eine globale Evangelisationskampange umzusetzen: in Tansania und Argentinien, Jamaica und der Ukraine, Korea und vielen anderen Ländern der Welt hat Bonnke bereits gepredigt. In Deutschland waren die Evangelisationskampagnen Bonnkes zunächst von vergleichsweise eher bescheidenem Erfolg. Hier tritt er in Konkurrenz zu einem breiten Spektrum fundamentalistischer Evangelisations-Initiativen, und hier fehlt bisher eine breite pfingstkirchlich orientierte Basis in den Kirchen. Immerhin ist es Bonnke gelungen, einen treuen Freundeskreis aufzubauen, der jedes Jahr vermutlich Millionenbeträge für seine Evangelisations-Aktivitäten in Afrika und anderen Teilen der Welt zur Verfügung stellt.

In den Publikationen ist die martialische Sprache auffällig, etwa wenn ein Pfarrer in Ghana als »Waffenträger« vorgestellt wird, von »Evangeliumsfeldzügen« oder von »eine(r) echte(n) Breitseite der Feuerkraft des Heiligen Geistes« die Rede ist. In einem Spendenaufruf bezeichnet Bonnke seine Organisation als »Gottes Sonderkommando«. Solche Ausdrücke irritieren, aber für Kritiker hat der inoffizielle Bonnke-Förderer Heinz Matthias (Vorsitzender des »Arbeitskreises Christlicher Publizisten«, ACP) eine Botschaft, die durch den schon erwähnten »Focus«-Artikel bekannt wurde: »Wer schlecht über uns schreibt, unterschätzt unsere Phantasie, die wir einsetzen, um uns zu revanchieren.«

Erst die Aktion »Vom Minus zum Plus« hat Bonnke nennenswerte Bekanntheit in den deutschen Kirchen gebracht. Bereits 1994 war eine ähnliche Aktion in Großbritannien durchgeführt worden, in den lokalen Kirchen von Anfang an umstritten und mit fragwürdigen

Ergebnissen. Jeder der 23 Millionen Haushalte erhielt die Broschüre »From Minus to Plus« sowie eine Rückantwortkarte mit dem Angebot weiterer Informationen über den christlichen Glauben und eines weiteren Buches. Vor der Aktion rechnete Bonnke damit, daß fünf Millionen Briten das Angebot nutzen. In einem Rundbrief Bonnkes vom 11. Januar 1994 wird diese Zahl ebenfalls genannt. In einer weiteren Meldung am 5. April 1994 war dann von bis zu neun Prozent erwartetem Rücklauf die Rede, also über zwei Millionen Rückantworten. Tatsächlich gingen dann etwas mehr als 60 000 Rückantworten ein (entspricht 0,3 Prozent), was in der »Missionsreportage« als »eine begeisterte Unterstützung der Christen in England« dargestellt wurde. Im deutschsprachigen Gebiet betrug die Rücklaufquote sogar noch weniger: 0,1 Prozent.

Landeskirchen auf Distanz

Auch in Deutschland ist die Aktion »Vom Minus zum Plus« umstritten. Die Kirchenleitung der Evangelisch-Lutherischen Landeskirche Sachsens hat öffentlich von einer Beteiligung an der Aktion abgeraten. Sie wies darauf hin, daß die Aktion ohne vorherige Kontaktaufnahme mit den Landeskirchen organisiert wurde. Gemeinden, die mitmachen wollten, mußten bekenntnisartigen Leitsätzen mit Stempel und Unterschrift zustimmen. Zum Beispiel diesem: Wir glauben an »die grundsätzliche Sündhaftigkeit und Schuld des gefallenen Menschen, die ihn zum Objekt von Gottes Zorn und der Verdammnis/Verurteilung macht.« Zentral wird dann entschieden, welche Gemeinden »bibelgläubig« sind. Per Computer werden die Rückläufe der jeweils nächstgelegenen bibelgläubigen Gemeinde zugeordnet und an sie vermittelt.

Außer dieser Kritik forderte die Kirchenleitung der sächsischen Kirche zu kritischer Auseinandersetzung mit Bonnke auf, da dessen Verkündigung den Eindruck der Verfügbarkeit des Heiligen Geistes vermittele, wobei spektakuläre Heilungen im Vordergrund stünden. Der Landeskirchenrat der Thüringischen Kirche stellte bei Bonnke »nicht nur kirchenkritische, sondern auch kirchenfeindliche Tendenzen« fest.

Nicht nur in Landeskirchen, auch innerhalb der fundamentalistischen Kreise stieß Bonnkes Alleingang auf Widerspruch. Die Deutsche Evangelische Allianz, die nach eigenen Angaben 1,3 Millionen evangelikale Christen vertritt, sprach sich gegen eine Beteiligung an der Aktion aus. Eine bloße Schriftenverteilaktion verursache hohe Kosten, und die zu erwartenden Rückläufe seien gering. Auch die Österreichische Evangelische Allianz erhob Bedenken gegen die »großspurigen und übertriebenen« Ankündigungen der Aktion. Die »Massenheilungsveranstaltungen« führten zur »Glorifizierung« von Wundern, die oft nicht medizinisch bestätigt würden.

Vom Minus zum Plus für alle Welt

Der Kritik ist Reinhard Bonnke souverän entgegengetreten: »Überall im Land und durch fast alle Kirchen und Gemeinden wird ›Vom Minus zum Plus‹ als ein Signal Gottes für unser Volk verstanden.« Der Prediger berief sich auf einen göttlichen Auftrag, der weit über Deutschland hinausreicht: »Der Herr sprach zu uns, daß nach Deutschland, der Schweiz und Österreich zunächst einmal die USA und Kanada an der Reihe sind.« Verknüpft werden solche Aktionen rund um den Globus mit der Erwartung, daß »Satans Ende« nahe ist. Unter dieser Überschrift heißt es: »Die Zukunft ist bereits entschieden, die letzte Stunde mit ihrem krönenden Abschluß steht fest. Und in diese Zeit kommen wir jetzt hinein.«

Der Statistik nach ist CfaN auf dem besten Wege, seine Glaubensvorstellung bis ans Ende der Welt zu verbreiten. 1,9 Millionen Exemplare des Heftes wurden in Hongkong verteilt, für USA und Kanada sind 125 Millionen Hefte nötig. Im August 1998 forderte Bonnke seine Missionspartner zum Gebet für die Aktion auf, »daß der Herr uns einen starken Durchbruch in der Finanzierung dieses Projektes schenkt«. Bonnke bezeichnet es als »seinen Auftrag, diese Evangeliumsbroschüre zu Ostern 1999 über die Türschwellen jeder einzelnen Wohnung Nordamerikas zu tragen«. Vorgesehen sind demnächst nach eigenen Angaben Finnland, Island, Grönland, die Färöer-Inseln, das Baltikum, Tschechien und Polen.

Die Vision Bonnkes scheint sich in diesen vielfältigen Missions-Aktivitäten zu erfüllen. Bonnke träumte, schreibt er an seine »lieben Gebetspartner«, er »stünde auf der Brücke eines riesengroßen Schlachtschiffes. Die Panzerung und Geschütze waren großartig.« Doch das Schiff fuhr auf einem schmalen Fluß. In einer Biegung setzt Kapitän Bonnke das Schiff auf Grund. Schweißgebadet sei er aufgewacht, habe den Herrn nach der Bedeutung des Traumes gefragt. Dessen Antwort: »Das Schiff ist das Missionswerk CfaN. Ein Schlachtschiff braucht mehr als nur Feuerkraft, Panzerung und Personal, es muß beweglich sein!« Bonnkes Fazit: »Da hatte ich es begriffen! Geistliche Feuerkraft ist gut und richtig, doch diese muß mit Beweglichkeit gepaart sein, um zum Durchbruch zu führen!«

Literatur

Evangelisches Missionswerk in Deutschland (Hg.): Fundamentalismus in Afrika und Amerika. Historische Wurzeln - Erfahrungen - Problemanzeigen, Reihe Weltmission heute Bd. 13, Hamburg 1993

Evangelisches Missionswerk in Deutschland (Hg.): Geistbewegt und bibeltreu. Pfingstkirchen und fundamentalistische Bewegungen - Herausforderung für die traditionellen Kirchen, Reihe Weltmission heute Bd. 19, Hamburg 1995

Ron Steele: Die Hölle plündern. Reinhard Bonnke - vom Missionar zum Weltevangelisten, Erzhausen 1985

Winfried und Gaby Wentland: Dem Tod knapp entronnen. Apostelgeschichte im 20. Jahrhundert, Oyten 1998

Wozu der Osten gut sein kann:

Feindbild Ökumene

Dann fürchtet man im Westen den Namen des Herrn
und im Osten seine Herrlichkeit.
Ja, er kommt wie ein reißender Strom,
den der Sturm des Herrn vor sich hertreibt.
Jesaja 59,19

»Sind wir bereit, die riesige Ernteaufgabe ganz neu anzunehmen? Die Wetterwolken ziehen auf. Was tut der Bauer? Er mobilisiert alle Kräfte, um die Ernte einzubringen. Und wir?« So fragt der »Missionsbund Licht im Osten« die Leser seiner Missionszeitschrift und appelliert: »Durch die baldige Wiederkehr Jesu erfährt unsere Arbeit eine besondere Dringlichkeit. Deshalb möchten wir eilend vielen Verlorenen das Evangelium nahebringen.« Die Öffnung des »Ostblocks« für westliche Reisende und Einflüsse hat auch dazu geführt, daß unterschiedlichste christliche Gruppen und Bewegungen ihre Bemühungen intensivieren, ihre jeweilige Interpretation der biblischen Botschaft unter die Völker des Ostens zu bringen. Darunter sind sowohl Gruppen und Missionsgesellschaften, die schon über den »Eisernen Vorhang« hinweg Evangelisationsarbeit betrieben hatten, als auch solche, die sich ein neues Arbeitsgebiet erschließen wollen. Bei allen Unterschieden prägen sie zusammen das Bild fundamentalistischer Mission in Osteuropa.

Ein Kennzeichen vieler dieser Initiativen ist, daß sie das »religiöse Vakuum« in Osteuropa zur Verbreitung ihrer Botschaft nutzen wollen. Ihnen kommen dabei verschiedene Entwicklungen zugute – allen voran der Zusammenbruch nicht nur des sozialistischen Wirtschafts-, sondern auch des Wertesystems. Solidarität und Brüderlichkeit sind mit dem Einbruch des rücksichtslosen Konkurrenzkampfes der Übergangsgesellschaften zum Kapitalismus vielfach zu überholten Werten verkommen. Damit einher geht die Suche nach neuem Lebenssinn und Orientierung. Von diesem Bedürfnis haben die orthodoxe und in Teilen Osteuropas auch die katholische Kirche profitiert. Die orthodoxe Kirche in Rußland hat aber besonders unter jüngeren Leuten ein Glaubwürdigkeitsproblem, war sie doch im alten System jahrzehntelang ein schweigender, wenn nicht staatstragender Teil der Gesellschaft. Verschiedenen hohen Vertretern dieser Kirche wurde vorgeworfen, mit dem Sowjet-Geheimdienst KGB zusammengearbeitet zu haben. Außerdem fehlt es der orthodoxen Kirche an Geld und qualifizierten Kräften, um den modernen Medieninitiativen der ausländischen Evangelisten etwas auch nur halbwegs gleich Wirkungsvolles entgegenzustellen. Auch werden die orthodoxen Kirchen durch die Auseinandersetzungen mit anderen Kirchen geschwächt, in der Ukraine etwa durch die heftigen Konflikte mit der katholischen Kirche. Um ihre Theologie und ihr kirchliches Leben den radikal veränderten gesellschaftlichen Verhältnissen anzupassen, fehlt es den orthodoxen Kirchen an Zeit und Energie.

Die aus dem Westen hereinströmenden christlichen Gruppen dekken dagegen ein breites Spektrum religiöser und sozialer Bedürfnisse ab, zwar nicht jede Gruppe für sich genommen, wohl aber arbeitsteilig. Viele dieser Gruppen stellen materielle Hilfe zur Verfügung, was sie angesichts der wachsenden Verarmung gerade in den GUS-Staaten interessant macht. Zum zweiten bieten die meisten Gruppen den Halt und die Gemeinschaft kleiner christlicher Gemeinden oder Hauskreise an. Außerdem offerieren sie für jeweils bestimmte Gruppen eine Theologie, die der Lage und den Bedürfnissen der Gruppe entspricht. Den Hoffnungslosen und beruflich oder wirtschaftlich Enttäuschten wird das Heil im Jenseits verheißen, den Aufsteigern wird vermittelt, daß Wohlstand ein Zeichen der Gnade Gottes sei. Den Kranken wird Heilung zugesagt, und dies wird durch Wunderheilungen bekräftigt. Die Gute Nachricht, in ihrer Ganzheit eine befreiende Botschaft, wird in lauter gute Nachrichten aufgespalten, die sich der jeweiligen »Missionsstrategie« unterordnen müssen.

Unter den in Osteuropa missionierenden Gruppen sind nordamerikanische Initiativen vorherrschend. Das »Reich des Bösen« ist das Ziel zahlreicher Evangelisations-»Feldzüge« und -»Kreuzzüge«. Billy Graham gehörte zu den ersten und erfolgreichsten US-Predigern in den GUS-Staaten, und wenn der ehemalige Chor der Roten Armee zusammen mit Graham das Erweckungslied »The Battle Hymn of the Republic« singt, dann merken die Besucher der Großevangelisationen, daß die Welt sich verändert hat. Neben Billy Graham ist in den GUS-Staaten auch der umstrittene Fernsehprediger Pat Robertson aktiv, der sich einst vergeblich als US-Präsidentschaftskandidat bewarb. Zu erwähnen ist auch die Initiative, 12.000 US-Amerikanerinnen und Amerikaner als »Christian Peace Corps« nach Rußland zu schicken, um Religionsunterricht zu erteilen. Es gibt aber auch eine wachsende Zahl von Organisationen aus Westeuropa, die ihre Arbeit auf Osteuropa ausweiten.

Licht im Osten

Zu den ältesten Missionsorganisationen mit Osteuropa-Orientierung gehört der »Missionsbund Licht im Osten« mit Sitz in Korntal. Bereits 1920 wurde die Organisation in Wernigerode im Harz gegründet – als unmittelbare Reaktion auf die Oktoberrevolution in Rußland. Bis in die jüngere Vergangenheit gehörte der Schmuggel von Bibeln und anderer religiöser Literatur zu den wichtigsten Aktivitäten von »Licht im Osten«. Das ist heute nicht mehr nötig, und so hat sich die Organisation umgestellt auf offensive, ungehinderte Mission. »Durch die Perestroika ist es möglich geworden, lastwagenweise Bücher nach Osteuropa zu bringen«, freut sich der Missionsverein in einer Selbstdarstellung. Mehrere hunderttausend Menschen würden die christliche Zeitschrift »Glaube und Leben« in russischer Sprache lesen. So wie viele amerikanische Missions-Organisationen arbeitet auch »Licht im Osten« jenseits konfessioneller Grenzen. Wo sich die Möglichkeit eröffnet, wird mit lokalen Kirchen zusammengearbeitet, andernorts mit lokalen Missionsinitiativen oder mit Einzelpersonen.

Daß es orthodoxe Kirchen mit einer mehr als tausendjährigen Tradition gibt, steht offenbar nicht im Mittelpunkt der Überlegungen. Den Leserinnen und Lesern der Missionszeitschrift »Licht im Osten« wird die Existenz dieser orthodoxen Kirchen nur am Rande vermittelt. »Die russisch-orthodoxe Kirche fürchtet jegliche Konkurrenz von anderen christlichen Gemeinschaften«, klagt Licht-im-Osten-Geschäftsführer Erwin Damson. Auf diese Weise entsteht der Eindruck, die orthodoxe Kirche sei nicht in der Lage, die Bevölkerung geistlich zu versorgen. »Die Völker der Orthodoxie brauchen eine echte biblische Lehre«, räsoniert der Gründer des Missionswerks »Freunde Bulgariens Stiftung«. Und beklagt gleichzeitig, daß die orthodoxe Kirche Mißtrauen gegen nicht-orthodoxe Missionare hegt.

Im Blick auf Bulgarien ist vom »neuen Machtanspruch der orthodoxen Kirche« die Rede. Aus Albanien wird berichtet, dort würden »missionarische Einsätze evangelikaler Christen von den Orthodoxen und den Katholiken weiterhin mißtrauisch betrachtet«. Warum dies so ist, wird an keiner der zitierten Stellen reflektiert. Auch ökumenisch orientierte protestantische Kirchen finden eher selten Erwähnung. Häufiger ist von »biblisch ausgerichteten Gemeinden« oder einem »evangelikalen Gemeinschaftsprojekt« die Rede oder auch von einem »bibeltreuen Professor aus England«, der Vorträge in Ungarn hielt. Neben der Bekehrung Ungläubiger hat die evangelistische Arbeit von Organisationen wie »Licht im Osten« zweifelsohne den Effekt, konservativ-evangelikale Tendenzen in den Kirchen Osteuropas zu fördern und die heimischen orthodoxen Kirchen zu schwächen.

Eine wichtige Zielsetzung von »Licht im Osten« im Blick auf die Unerreichten ist die Evangelisationsarbeit unter Muslimen in den südlichen Staaten der früheren Sowjetunion. Ob diese Missionierungsbemühungen in einer Situation großer ethno-religiöser Spannungen zum Abbau der Konflikte beitragen können, muß bezweifelt werden. Auch für verschiedene Missionsorganisationen aus den USA gewinnt die Arbeit in überwiegend muslimischen Gebieten an Bedeutung. Ein Beispiel ist die antikommunistische Organisation »Open Doors«.

»Licht im Osten« entfaltet ein äußerst breites Spektrum von Aktivitäten. Es reicht von der Zeltmission und Straßenmission über diakonische Programme und christliche Radiosendungen bis zu Reiseangeboten für missionarische Einsätze in Osteuropa oder in den GUS-Staaten. In einem Bericht über einen solchen Einsatz in einem rumänischen Bergdorf heißt es: »Viele Leute strömten zusammen ins Kulturhaus. Die Gruppe trägt rumänische christliche Lieder vor (die sie schon in Deutschland einstudiert hat), eine biblische Botschaft wird weitergegeben, und ein eindrückliches Zeugnis eines Teilnehmers berührt die Menschen: ein Landwirt aus unserer Gruppe erzählt, wie Gott ihm ganz praktisch die Verantwortung für Rumänien ans Herz gelegt hat. Am Schluß der Veranstaltung verteilt die Gruppe dann christliche Literatur.« Die Dorfbewohner sollen ergriffen gewesen sein von der Evangelisations-Veranstaltung, heißt es in dem Bericht. Fragen bleiben trotzdem. Von der Mitwirkung einheimischer Christen an diesem Einsatz im Dorf ist nicht die Rede, auch wenn es offenbar lokale Partner für diesen Missionseinsatz gab. Und es wird eben ein ganz bestimmtes Verständnis der biblischen Botschaft weitergegeben, was als fundamentalistisch bezeichnet werden kann.

Die Arbeit von »Licht im Osten« beruht auch heute weitgehend auf lokaler evangelistischer Arbeit, nicht auf Großevangelisationen. In einem Bericht aus der ehemaligen Sowjetunion heißt es unter der Zwischenüberschrift »Verwirrung durch die Massenevangelisation«: »So werden etwa die häufigen Massenevangelisationen für manche Christen zum Anstoß, Hunderte oder Tausende bekennen ihre Umkehr zu Gott und werden in Gemeinden eingeladen – aber nur sehr wenige kommen ... was zunächst wie eine Massenbekehrung aussieht, muß nicht unbedingt Folge eines von Gottes Geist bewirkten Sinneswandels sein.«

Christus für alle Nationen

Die von dem Evangelisten Reinhard Bonnke geleitete Missions-Organisation »Christus für alle Nationen« hat in der Vergangenheit vor allem in Afrika Aufsehen erregt, während die Evangelisations-»Feldzüge« in anderen Teilen der Welt Episoden blieben (s. S 45ff.). Mit Wunderheilungen, der Zusage der Vergebung aller Sünden und einem perfekten Organisations- und PR-Apparat gelingt es Bonnke, Hunderttausende zu mobilisieren. Der von »Christus für alle Nationen« propagierte »totale geistliche Krieg« macht auch vor Osteuropa nicht halt.

»Der Osten ruft ...« lautete die Überschrift in einer CfaN-Werbeschrift für eine Großevangelisation in Kiew. »Beim Gebet für die Kranken geschahen viele Heilungswunder. Krücken flogen durch die Luft, taube Ohren öffneten sich, etc.« So berichtet CfaN über die Evangelisation. Eingeladen worden war Bonnke von zwanzig lokalen Gemeinden, und mit der Evangelisation gekoppelt war eine Pastorenkonferenz. Die Evangelisation stärkte einen bestimmten Teil der lokalen Christenheit, nämlich die im weiteren Sinne evangelikal und pfingstlerischen – also fundamentalistischen – Gemeinden, und Bonnke beeinflußte über die Pastorenkonferenz einen noch sehr viel breiteren Kreis von Pastoren und aktiven Laien. Mit bis zu 30.000 Besuchern konnte die Evangelisation in Kiew nicht mit den afrikanischen Großevangelisationen mithalten, aber immerhin war diese erste Bonnke-Evangelisation in der früheren Sowjetunion eine der größten Evangelisations-Ereignisse in dieser Region. »Für Christus für alle Nationen waren die Tage in Kiew Vorlauf für weitere Evangelisationen im Osten ... Aus allen Teilen der ehemaligen Sowjetunion erhalten wir Einladungen, aber Afrika ist und bleibt unsere göttliche Priorität.«

Neben den genannten großen Organisationen gibt es zahlreiche kleine Missionsinitiativen aus Deutschland, skandinavischen und westeuropäischen Ländern, die in Osteuropa tätig sind. Beispielhaft sei hier eine Meldung über den Einsatz des »Christus Centrums Ruhrgebiet« in Lettland zitiert, das ein 18köpfiges Team ins Baltikum entsandte: »So konnte der Pastor unter anderem ein dreißigminütiges evangelistisches Rock-Konzert um Mitternacht in einer Open-Air-Disco gestalten. Bei den abendlichen Großveranstaltungen kamen Hunderte von Menschen zu einer Gotteserfahrung. Heilungen sprachen sich schnell herum, und am Ende des Einsatzes konnte z.B. die kleine Gemeinde in Resekne 150 Gottesdienstbesucher willkommen heißen. Ein Mörder und ein stadtbekannter Wahrsager bekehrten sich.«

Die Evangelisations-»Kreuzzüge« in den Osten, wie sie in zum Teil sehr aggressiver Form betrieben werden, sind auch in evangelikalen Kreisen nicht unumstritten. 1992 hat das evangelikale »Lausanne Komitee für Weltevangelisation« eine Erklärung zur Arbeit in Osteuropa und der früheren UdSSR veröffentlicht, in der die »Handlungsweise einiger Außenseiter« als hinderlich für die Evangelisation bezeichnet wird. Die Rede ist unter anderem von der Abwerbung kirchlicher Führungskräfte durch extravagant hohe Gehälter, von dem Eindruck, auf alles eine Antwort zu haben und von Predigten mit schwachem geistlichen Gehalt. Es ist davon die Rede, daß »ausländische Evangelisten in das Land ein(fallen)« und in »Super-Evangelisationen« Tausende ansprechen, ohne daß es eine Nacharbeit gibt. Weiter heißt es in der Erklärung: »Es gibt ungesunde Konkurrenz, die manchmal noch durch ausländische Organisationen ermutigt wird ...« Die evangelikale »Aufbruchstimmung« gen Osten hat in nachdenklichen evangelikalen Kreisen auch Rückfragen ausgelöst. Ob diese Kreise das Übergewicht gewinnen gegenüber den aggressiv vorgehenden Gruppen muß bezweifelt werden, allein schon deshalb, weil es um viele Spendenmillionen in Nordamerika und Europa geht, die für »Feldzüge« gewonnen werden können.

Fest steht: Die fundamentalistischen Missionare werden sich kaum beirren lassen in ihrem Engagement. Die Weiten der Taiga laden geradezu ein zur Ernte. 15.000 neue protestantische Gemeinden seien notwendig für eine geistig-moralische Wende, heißt es. In der Skepsis und im Widerstand der einheimischen Kirchen sehen die Missionare keine berechtigte Kritik, sondern einen weiteren Gottesbeweis. »Das nehmen wir um Jesu Christi willen bewußt auf uns«, verkündet Heinz Müller, Geschäftsführer der Arbeitsgemeinschaft Evangelikaler Missionen, selbstsicher.

Konkurrenz für Orthodoxe ...

Obwohl die westlich-fundamentalistischen Ost-Missionen den Groll orthodoxer Priester hervorrufen: in einer Hinsicht ziehen beide an einem Strang. Denn mit ihrem kreuzzugartigen Auftreten und ihrer

Abwerbe-Mentalität schwächen sie die ohnehin schon schwachen ökumenischen Kräfte innerhalb der orthodoxen Kirchen. Der russische Patriarch Alexij II. klagte: »Als sich die Territorien Mittel- und Osteuropas für missionarische und evangelistische Aktionen öffneten, wurden die seit tausend Jahren in der orthodoxen Tradition verwurzelten Völker Objekte des Proselytismus für unzählige Zeloten, die sich Missionare und Prediger nennen und die neue Märkte erschließen wollen. Wir hatten eine andere Vorstellung vom gemeinsamen Zeugnis und der brüderlichen Solidarität, mit der wir Christus predigen und in der ökumenischen Gemeinschaft freiheitlich zusammenarbeiten wollten.«

Zu Zeiten des Kalten Krieges waren die Begegnungen mit anderen christlichen Konfessionen auf der Ebene des »Weltrates der Kirchen« eine der wenigen Kontaktmöglichkeiten. Dort trafen die orthodoxen Patriarchen dialogfähige Kirchenvertreter protestantischer und anglikanischer Kirchen, die der Überzeugung waren: Nur wenn die einzelnen christlichen Konfessionen einander achten, wird Jesu Wunsch erfüllt, »daß sie eins werden«. Sich gegenseitig nicht die Gläubigen abspenstig zu machen - das meint das Wort »Proselyten machen« -, gehört zu den ökumenischen Grundtugenden.

Die Perestroika brachte Freiheiten für die Völker und nun eigenständige Staaten auf dem Territorium des ehemaligen Sowjetreiches. Eine Folge der Öffnung sind die fundamentalistischen Missionen. Ökumene-unerfahrene orthodoxe Priester identifizieren sie als »Protestantismus« und fragen entsetzt ihre Kirchenoberen, weshalb sie mit solchen Christen gemeinsam Ökumene pflegen. Die Patriarchen müssen so einen enormen Druck seitens ihrer Basis aushalten. Und das nur aufgrund des schwer auszuräumenden Mißverständnisses, daß die Kreuzzügler jene Protestanten seien, die sich für das von Respekt und Liebe geprägte weltweite Gespräch zwischen Christen verschiedener Konfessionen einsetzen. Was die Fundamentalisten auf direktem Wege nicht geschafft haben, die Auflösung des Ökumenischen Weltrates der Kirchen: auf dem Umweg der Ost-Mission ist dieses Ziel nicht mehr fern. Denn offen drohen orthodoxe Patriarchen mit dem Austritt aus dem Weltkirchenrat (ÖRK). Würden sie ihre Drohung wahr machen, hätte der ÖRK den größten Teil seiner Bedeutung verloren.

»Es ist noch nicht lange her, daß in Synoden deutscher Landeskirchen jedes Jahr Anträge zur Abstimmung gestellt wurden, die auf einen Austritt aus dem Ökumenischen Rat gedrängt haben«, erinnert sich Konrad Raiser, der derzeitige Generalsekretär des ÖRK.

»Ich selbst komme aus der württembergischen Landeskirche, wo dies über eine lange Zeit hinweg nahezu ein fester Tagesordnungspunkt auf den Sitzungen der Landessynode gewesen ist und manchmal nur wenig daran gefehlt hat, daß ein solcher Beschluß auch gefaßt worden wäre.« Kritik am Wirken des Weltkirchenrates sei »nicht nur ein orthodoxes Problem, sondern wir haben das gleiche Problem mit militant-evangelikal-konservativen Kräften in den protestantischen Kirchen des Ökumenischen Rates.«

... und unvermutete Schulterschlüsse

Statt den Austritt aus dem ÖRK zu fordern, dient der Streit mit den Orthodoxen den Evangelikalen zu einer neuen Taktik - und die heißt: Übernahme. Obwohl sie auf Ortsebene den Orthodoxen den Konkurrenzkampf um die Gläubigen erklären, praktizieren sie öffentlichen Schulterschluß und entdecken die orthodoxen Christen als Verbündete im Kampf gegen liberale Theologie. »Wir glauben, daß der Liberalismus, unter dem die ökumenische Bewegung leidet, im wesentlichen eine westliche Erscheinung ist«, heißt es in einer Stellungnahme der »Internationalen Gemeinschaft Evangelikaler Missionstheologen« (INFEMIT). Elegant wird die Sachlage verdreht. Nicht die Dialogunfähigkeit fundamentalistischer Kräfte in den einzelnen Mitgliedskirchen sei Grund für die Krise des ÖRK, sondern die Toleranz in Gewand des »Liberalismus« (der überhaupt erst ermöglicht hat, daß Kirchen zusammenarbeiten können). Die INFEMIT wendet sich dagegen, daß »den Kirchen der Zweidrittelwelt, die zuallererst dem biblischen Evangelium treu sein wollen, westliches Kulturchristentum als Fremdkörper eingepflanzt wird.« Dabei übergehen die evangelikalen Theologen eine wichtige Tatsache: Daß die Christen in der Zweidrittelwelt die Produkte einer allermeist kolonialistischen Missions-Ideologie westlicher Kirchen sind. Stets brachten weiße Prediger den Einheimischen den Glauben in der Verpackung westlicher Kultur - als Fremdkörper eben.

Die Argumentation der INFEMIT erweist sich auf diesem Hintergrund als Fassade. Denn eigentlich geht es ihr nicht um eine eigenständige Kultur der Zweidrittelwelt, sondern darum, in fundamentalistischer Weise den verpönten Liberalismus zu bekämpfen. Die Christen in Afrika und Asien dienen ihnen dabei als willkommene Instrumente.

Gleichzeitig sprüht die INFEMIT-Erklärung vor Diffamierungen gegenüber der liberalen Theologie, die der ÖRK seit seiner Gründung praktiziert. Er importiere eine »antinormative Haltung, die keine biblischen Richtlinien mehr kennt«. Die Evangelikalen fordern das »Bekenntnis zur Aufrechterhaltung von Normen. Die Kirche muß in allen Kulturen von Gott gegebene ethische Normen für das Leben in der Welt demonstrieren.« Mit Ethik meint die INFEMIT vor allem die beiden Reizthemen, die den Streit zwischen dem Weltkirchenrat und den Orthodoxen herbeigeführt haben: Homosexualität und Frauengleichstellung. Am Ende fordert die INFEMIT den ÖRK auf, »die tragende Rolle der evangelikalen Orthodoxie ... anzuerkennen und von einer synkretistischen Linie gegenüber der westlich-liberalen Kultur abzurücken.«

»Die Evangelikalen waren schon immer ökumenisch«; behauptet INFEMIT, »schließen sie doch keine kirchliche Tradition aus.« Mit der Verteufelung der liberalen Theologie beweisen die fundamentalistischen Missionstheologen genau das Gegenteil. Ökumene scheint ihnen nur unter Gleichgesinnten möglich zu sein. Deshalb kann der Krelinger Cheftheologe Wilfried Reuter vollmundig kommentieren: »Was würde uns ohne die Genfer Ökumene heute fehlen? Vermutlich nichts. Eine Sackgasse weniger.«

Literatur

Udo Hahn u.a.: Ökumene wohin? Die Kirchen auf dem Weg ins dritte Jahrtausend, Paderborn 1996

Hansjörg Hemminger: Was ist eine Sekte?, Mainz/Stuttgart 1995

Peter D. Hocken: Ein Herr, ein Geist, ein Leib. Die Gnade der Charismatischen Bewegung für die Ökumene, Münsterschwarzbach 1992

Konrad Raiser: Wir stehen noch am Anfang. Ökumene in einer veränderten Welt, Gütersloh 1994

»Mehr Evangelium in den Medien«:

Die Wetzlarer Meinungs-Macher

Bin ich denn damit euer Feind geworden,
daß ich euch die Wahrheit vorhalte?
Galater 4, 16

»Mehr Evangelium in den Medien!« Ihr Lieblingsmotto setzen evangelikal-fundamentalistische Kreise so konsequent in die Wirklichkeit um, daß sich selbst volkskirchliche Publizistik-Experten neidvoll die Augen reiben müßten. Denn die Evangelikalen - zahlenmäßig eine Minderheit innerhalb der Evangelischen Kirche in Deutschland - haben es erreicht, einen Medienverbund aufzubauen, dessen Professionalität und Effektivität im kirchlichen Raum seinesgleichen sucht.

Eine eigene Nachrichtenagentur (»Informationsdienst der Evangelischen Allianz« - »idea«) versorgt seit 1970 mit zunehmendem Erfolg Redaktionen in ganz Deutschland fast täglich mit Nachrichten aus der evangelikalen Welt - oder mit Kommentaren aus evangelikaler Sicht. Im 1979 erstmals erschienenen Wochenblatt »idea spektrum« werden wichtige Meldungen zu einer farbigen Wochenzeitschrift aufbereitet, die auch an private Abonnenten geht.

Die »Konferenz Evangelikaler Publizisten« ist medienpolitisches Sprachrohr der Evangelischen Allianz. Mit weniger Aufwand wird hier mehr binnenkirchliche Öffentlichkeit hergestellt als in der EKD-Medienzentrale »Gemeinschaftswerk Evangelischer Publizistik«.

Der »Evangeliumsrundfunk« ist das erste christliche Privatradio. Während EKD-Projekte wie das kirchliche Privatradio »Radio Paradiso« mangels Geld und Kompetenz am Rande des Konkurses stehen, sendet der Evangeliumsrundfunk bundesweit zwei Vollprogramme - erreichbar allerdings »nur« - auf Mittelwelle. In eigenen Regionen allerdings sind ERF-Beiträge auch auf UKW zu empfangen.

Inzwischen hat sich ein vierter Medienbereich angegliedert: die »Christliche Internet-Agentur« (»CINA«). Phantasievolles Internet-Engagement wird hier produziert. Im Vergleich schneidet auch die EKD-eigene Internet-Arbeit schlecht ab.

Warum soviel Aufwand? Für Pastor Horst Marquardt, einen der Hauptinitiatoren der evangelikalen Presse-Arbeit, hat christliche

Medienarbeit dieselbe wichtige Aufgabe »wie Theologie, Mission, Diakonie«. Statt immer nur zu reagieren, solle die Kirchen-Publizistik wegweisend sein und auch säkulare Themen in die Medien bringen. Wenn das nicht geschafft werde, drohe Düsteres: »neue sozialistische Gesellschaften werden wach, ... sonst wird das Vereinigte Europa kein hilfreiches Miteinander einer großen, aufeinander angewiesenen Völkergemeinschaft, sondern Tummelplatz ungezügelter Nationalisten«.

Christliche Nachrichten mit nationalem Touch

Der gesamte Bereich des evangelikalen und charismatischen Spektrums wäre unbekannter, gäbe es idea nicht. Unermüdlich recherchiert das Redaktionsteam, unterstützt durch freie Mitarbeiter und die Informanten aus den unterschiedlichen christlichen Kirchen und Bewegungen. Anders als der EKD-offizielle »Evangelische Pressedienst« deckt idea nicht die Grund-Berichterstattung aus dem kirchlichen Bereich ab. Idea setzt Akzente und versieht sie mit einer Kommentierung aus evangelikaler Sicht. Daß sich »idea« Nachrichten*agentur* nennt, stößt deshalb bei vielen Journalisten auf Kritik - auch bei einigen evangelikalen.

Diese Zweiteilung ist typisch für die evangelikale Agentur-Politik. Die auch von Kirchenvertretern gelobte Recherche-Qualität sorgt für den Anstrich journalistischer Redlichkeit von idea. Die Kommentare, verfaßt in der Mehrzahl von wenigen Star-Publizisten der evangelikalen Szene, werten die Nachrichtenlage aus und messen sie am unausgesprochenen Wertesystem der Evangelischen Allianz. Sensible Kommentare wie die von idea-Redakteur Wolfgang Polzer über den unter Totschlagsanklage stehenden Pastor Klaus Geyer sind da eine Seltenheit.

Nach eigenem Anspruch müßten die Kommentare die ganze Bandbreite des evangelikalen Spektrums spiegeln. Doch das gelingt meist nicht. Statt dessen vertritt idea Positionen, die offen Partei ergreifen für extrem konservative Standpunkte innerhalb der fundamentalistischen Szene. Nicht selten mischt sich die Kommentierung vermeintlicher kirchlicher Mißstände mit nationalen Tönen und parteipolitischen publizistischen Bücklingen.

Das ist um so pikanter und offensichtlicher, als idea selbst immer wieder vor einer Politisierung des Glaubens warnt. Die Nähe und Ehrerbietung zum CDU-Bundeskanzler Helmut Kohl etwa war überdeutlich. Bisweilen scheint sogar durch, daß die Loyalität zu Politik-Größen wichtiger ist als die Solidarität mit volkskirchlichem Prinzip. Der Kanzler habe von den Kirchen mehr Kritik »eingesteckt als ausgeteilt«, meint da idea-Leiter Helmut Matthies – und lobt Kohl, da er trotz seines Ärgers darüber doch noch eine Kirche betreten habe. »Kohl hat es bis heute nicht verwunden, daß er aus Kirchenkreisen als ›friedensunfähig‹ bezeichnet wurde, weil er 1983/84 den NATO-Doppelbeschluß durchsetzte.« Matthies empfiehlt seinem Kanzler, zu sagen: »Wie gut, daß ich nicht auf weite Teile der friedensbewegten evangelischen Kirche gehört habe, sonst gäbe es heute noch die zweite große Diktatur in unserem Jahrhundert.« Die Kirche habe sich zu entschuldigen, meint Matthies, da sie in der Kritik an der deutschen Asylpolitik »scharfes Geschütz« aufgeboten habe.

Abtreibung gleich Holocaust?

Geht es um das Thema Abtreibung, nimmt idea die CDU allerdings nur bedingt in Schutz. Hier transportiert idea eher die strikte Haltung des Vatikans: Abtreibung sei Mord, und jede kirchliche Beteiligung an der Schwangeren-Beratung, die mit der Ausgabe von »Scheinen« Abtreibung legal mache, sei abzulehnen. Immerhin gehe es hier um die für viele Christen »entscheidendste ethische Frage der Gegenwart«. Kein Vergleich ist idea zu brisant, um das Abtreibungsproblem zu beschreiben. Hartmut Steeb, der Geschäftsführer der Deutschen Evangelischen Allianz, wird von idea zitiert: »keinen Millimeter« bleibe das deutsche Abtreibungsrecht »hinter dem Unrecht des Dritten Reiches« zurück.

Wer sich radikal gegen die Abtreibung ausspricht, genießt bei idea offensichtlich alle Sympathien. Als 1993 einem Parteimitglied der rechtsradikalen Republikaner und Laienprediger durch die pfälzische Landeskirche Kanzelverbot erteilt wurde, ging idea auf die Barrikaden. Der Berliner Professor Klaus Motschmann, Mitglied des Leiterkreises der Konferenz Bekennender Gemeinschaften, stellte sich schützend vor die christlichen Republikaner, stellte sie gar als von der Kirche »verfolgt« dar. Als theologisches Geschütz gegen das amtskirchliche Kanzelverbot führte Motschmann die »Barmer Theologische Erklärung« an – ausgerechnet jene Erklärung, mit der standhafte Christen 1934 ihrem Unmut über die Vermischung von Glaube und nationalsozialistischer Ideologie Luft machten.

Die Kommentar-Politik ideas wirkt sich auch auf die Auswahl der Meldungen aus. Bei Reizthemen wie Homosexualität und Ausländern verfällt idea dabei zuweilen in demagogische Sprache. Selbst sachliche, rein informative Rubriken werden dann genutzt, um Stimmung gegen mißliebige Personen zu machen. Die Bremer Pastorin Jeannette Köster bekam dies zu spüren. Im Sommer 1997 sprach sie sich im ARD-»Wort zum Sonntag« dafür aus, daß die Kirche auch schwule oder lesbische Paare segnen möge. Wie eine öffentliche Aburteilung klang der Kommentar, den idea unter die Ankündigung ihres nächsten »Wortes zum Sonntag« setzte: »Beim letzten Mal warb sie für die Segnung Homosexueller.« Ob die vielen erbosten Anrufe und Briefe, die bei Pastorin Köster nach ihren öffentlichen Fernseh-Äußerungen eingingen, auf diesen idea-Hinweis zurückgehen, läßt sich nicht belegen. Deutlich ist aber, daß viele rüde Reaktionen aus dem christlich-fundamentalistischen Lager kamen.

Scheinbar weckt das Thema Homosexualität die größten Aggressionen bei ansonsten um Sachlichkeit bemühten idea-Redakteuren. Im Herbst 1993 mußte idea dafür sogar eine offizielle Rüge des Deutschen Presserates hinnehmen. Unter der Überschrift »Wer hat die Macht in der EKD?« schrieb das Wochenmagazin »idea-spektrum« Ende April 1993 über Herta Leistner, die Leiterin des Frauenstudien- und -bildungszentrums der Evangelischen Kirche Deutschlands (EKD): »Die Beibehaltung der Berufung einer Frau, die für die kirchliche Segnung von Gruppensex votiert, ist der EKD wichtiger als die Übereinstimmung mit der Synode ...« Diese nach Meinung des Presserates »sinnentstellende Bezugnahme« ist die »idea«-gemäße Interpretation eines Satzes, der in einem von Herta Leistner mitherausgegebenem Buch steht (»Hättest Du gedacht, daß wir so viele sind? Lesbische Frauen in der Kirche«). Dort heißt es: »Damals hatten wir nur die Hoffnung, jetzt ist es selbstverständlich, daß auch Lebensgemeinschaften von zwei oder mehreren Frauen (oder Männern) gefeiert und gesegnet werden.« »Idea«-Chefredakteur Helmut Matthies entschuldigte sich für den Begriff »Gruppensex« – »auch wenn unsere prinzipielle Beurteilung bestätigt wurde«. Immerhin sei das Wort auch im Rat der EKD gefallen.

Idea hat bessere journalistische Tricks als die eigene Berichterstattung, um den Einsatz für die Menschenrechte und Würde von

Homosexuellen zu diskreditieren. Oft dient die Rubrik »Worte« dazu, neben harmlos-»bunten« Äußerungen auch bewußt hetzerische Zitate der Leserschaft zu unterbreiten. Daß idea damit eine böse Absicht verfolge, sich gar den Wortlaut der Zitate zueigen macht - dieser Vorwurf scheint berechtigt. Auch läßt sich der Eindruck nicht von der Hand weisen, daß in der Rubrik die heikelsten Reizthemen des redaktionellen Inhalts oft eine maßlose Überspitzung erhalten. Beispiele gibt es zuhauf. Eines der Glanzlichter bot idea im Sommer 1996, als es den Vatikan-Pressesprecher Joaquin Navarro-Vals zitierte, der die liberale Haltung der Vereinten Nationen zu Abtreibung und Homosexualität kritisierte. Ein kleiner Haufen Bürokraten aus der UNO plus einer Handvoll Lesbierinnen aus Manhattan plus ein paar korrupte Funktionäre aus der Dritten Welt. Das ist die Mixtur, die die Dokumente vorbereitet.« Pikanterweise stammt dieses Zitat nicht etwa aus einer Pressemeldung der katholischen Kirche oder dem L'Osservatore Romano, sondern aus der Zeitschrift »Zeit-Fragen« - jenem Blatt, das dem umstrittenen »Verein zur Förderung der psychologischen Menschenkenntnis« (VPM) nahesteht (s. S. 120ff.).

Die *ideale* Nation

Nationale Würde und »gesunder« Patriotismus: Das sind Maximen der idea-Welt. Nicht selten gehen sie mit offen revanchistischer Wortwahl einher. Bürgerinnen der neuen Bundesländer bezeichnet idea-Leiter Matthies da schon mal als »mitteldeutsche Frauen« (und läßt die Frage offen, weshalb die ostdeutschen Frauen eigentlich noch in Polen leben müssen).

Nicht um die Grenzen, sondern um die Tugenden des preußischen Reiches geht es dem hessischen Schulleiter Heiner Hofsommer, dem idea ein Editorial zur Verfügung stellte. Die »Knechte des Zeitgeistes«, schimpft der Schulleiter, würden der »nationalen Würdelosigkeit« das Wort reden - und dabei von »manchen Kirchenvertretern, besonders im evangelischen Bereich« unterstützt. Diesen »Ewigheutigen« unterstellte Hofsommer mangelnde Geschichtskenntnis - und belehrt bedauernd, daß vor 50 Jahren der »Allierte Kontrollrat den Staat Preußen auflöste«. Militarismus wurde Preußen vorgeworfen - laut Hofsommer zu unrecht, denn in der Kriegsstatistik rangiere Deutschland weit abgeschlagen hinter Frankreich, England und Rußland. Lernziel des publizistisch aktiven Pädagogen: Um »unser Land wieder auf Vordermann zu bringen«, brauchen wir »Anleihen aus dem preußisch-protestantischen Tugendkatalog«.

Eine Anzeige des Umfeldes der »Neuen Rechten« zum 50. Jahrestag des Kriegsendes wurde ähnlich ausführlich erwähnt wie die ungleich wichtigere und von der breiten kirchlichen Masse getragene Stellungnahme der Evangelischen Kirche in Deutschland. Der Grund: An der von jüdischer Seite heftig kritisierten Erklärung hatten evangelikale Vertreter des rechten Randes mitgewirkt – unter anderem Kirchenrat Rolf Sauerzapf, der Vorsitzende der Europäischen Ärzteaktion Siegfried Ernst, der Vorstand der Evangelischen Notgemeinschaft in Deutschland Klaus Motschmann sowie Heinz Matthias, Vorsitzender des »Arbeitskreises Christlicher Publizisten«. Gemeinsam mit rechtskonservativen Politikern und Intellektuellen wie Alfred Dregger und Gerhard Löwenthal setzten sie sich dafür ein, das Kriegsende nicht nur als Tag der Befreiung zu sehen, sondern zugleich als »Beginn von Vertreibungsterror und neuer Unterdrückung im Osten und den Beginn der Teilung unseres Landes«.

Die geistige Nähe zur Neuen Rechten wird auch deutlich in der ausführlichen Berichterstattung über die Aktion »Die Wende«. Nur durch eine Verflechtung aller biblisch orientierten Gruppen könne eine christliche Lebensordnung wiederhergestellt werden, zitiert idea das Anliegen des Vereins, der die »moralische Unverbindlichkeit und den Wertepluralismus in fast allen Lebensgebieten« beklagt. Lösungen findet die »Wende« in den Gedanken des Hohenheimer »Sozialphilosophen« Günther Rohrmoser. Nach Meinung dieses »Wende«-Vordenkers befindet sich die Gesellschaft vor der Alternative »Christentum oder Barbarei«. Würde das Christentum an Bedeutung verlieren, hätte das für die europäischen Völker den Verlust ihrer religiösen und nationalen Identität zur Folge. Bürgerkriege und die Erstarkung des Islam seien die Folgen. Viele Themen der christlich-fundamentalistischen Werteskala nimmt Rohrmoser auf: Abtreibung, Pluralismus, Mission. »Wer als Christ nachdenklich unsere gegenwärtige Situation sehen lernen will, der wird in dem imposanten Gedankengebäude von Rohrmoser viele Entdeckungen machen«, lobt idea-Autor Johannes Hasselhorn ein Buch Rohrmosers.

Die »Wende« agiert als Sammelbecken für evangelikal-konservative Evangelikale und für enttäuschte CDU-Wähler, die das Ausbleiben der von der Volkspartei Anfang der achtziger Jahre angekündigten »geistig-moralischen Wende« beklagen. In dieser Kritik treffen sie sich mit vielen idea-Lesern.

Grundangst der idea-Macher scheint zu sein, daß in Deutschland mehr Muslime als Christen leben. Das Schreckgespenst »doppelte Staatsbürgerschaft« malt idea lebhaft an die Wand. Wenn die eingeführt würde, heißt es in einem Artikel, »könnten bald alle 200.000 Muslime in Berlin auch deutsche Staatsbürger sein ... (dann gäbe es) unter deutschen Staatsbürgern in der Hauptstadt des Mutterlandes der Reformation etwas mehr praktizierende Muslime als Gottesdienstbesucher, wird deren Zahl doch auf etwa 90.000 an normalen Sonntagen geschätzt.« Worin das Gefährliche aus gesellschaftlicher Hinsicht besteht, macht idea nicht klar - denn wohlweislich schreibt der Autor Christoffer Thomas nicht, daß es sich bei den praktizierenden Muslims um demokratiefeindliche Islamisten handelt. Naheliegender als die hohe Zahl von Andersgläubigen zu benennen, wäre das Bedauern über die geringe Zahl von praktizierenden Christen.

Die Kategorie der christlichen Gottesdienstbesucher splittet idea, getreu ihrer Leser-Zielgruppe, noch weiter auf: Nur 23.000 evangelikale Christen leben in Berlin. Die Übermacht der Muslims wirkt nun noch größer, bekommt beängstigende Übermacht. Gesteigert wird sie zusätzlich dadurch, daß idea-Autor Thomas von einem missionarischen Baptisten berichtet, der zum Islam übergetreten sei. Aus Hartmut Herzog wurde Mohammed Herzog, Leiter der deutschen Moslems in Berlin. 4.000 Berliner Christen seien bereits zum Islam konvertiert.

Wer aufgrund dieser Situation von idea ein Wort der Toleranz erwartet, wird enttäuscht. Denn das idea-Strickmuster von Beiträgen zu diesem Thema wird vervollständigt durch inkonsequente Seitenhiebe auf selbst die kleinsten Versuche eines interreligiösen Miteinanders. In diesem Fall dient ein Gebetsraum am Brandenburger Tor, der gemeinsam von Christen, Juden, Muslimen, Buddhisten und Hindus eingerichtet wurde, zur Stimmungsmache. Mitinitiatorin des Raumes ist die in Politik und Kirche geachtete CDU-Politikerin Hanna-Renate Laurien. Das paßt idea ebenfalls ins Konzept: als Beleg dafür, daß »C«-Politiker ihren Anspruch aufs große »C« mal wieder gänzlich verwirkt haben.

Daß der gesamte Islam gewalttätig sei: dieses Klischee scheint zu den Redaktionsstatuten ideas zu gehören. In stets neuen Anläufen wird es kolportiert. Im Sommer 1998 zierte, für ideas ansonsten grafisch originelle Titel-Layouts ungewöhnlich, ein blutüberströmter Schwarzer mit Krawatte den Umschlag. »Heiliger Krieg« lautete die

Überschrift – »Islamisten gegen den Westen«. Im Hauptartikel schreibt idea-Vorsitzender Horst Marquardt über das Attentat von islamischen Fundamentalisten auf die US - Botschaften in Nairobi und Daressalam. Die idea-typische Conclusio: Alle Moslems wollen den Heiligen Krieg – folgt schon im zweiten Absatz. Von den islamischen Terrorgruppen schreibt Marquardt, »sie kämpfen nicht an der Front, sie schauen ihrem Gegner nicht ins Auge. Sie morden vielmehr hinterrücks und feige«. Grandios in ihrer suggestiven Formulierung, überträgt Marquardt das Geschehen in Afrika nach Deutschland. »Jeder dieser ›Krieger‹ macht es uns schwer zu glauben, was einflußreiche und führende Muslime in Deutschland sagen: Der Islam sei eine friedliche Religion ...« Das fundamentalistische Fazit lautet – natürlich –: Mission: »Für uns Christen stellt sich erneut die Aufgabe, in einer viel überzeugenderen Weise von dem zu reden, der alleine Frieden und Versöhnung bringen kann – Jesus Christus.« Die Erfüllung dieser Aufgabe, so idea-Meinung, steht in Gefahr. Denn nach dem Tübinger Peter Beyerhaus, einem »der profiliertesten deutschen Missionswissenschaftler«, würden sich die Jünger Mohammeds wesentlich eindringlicher für ihre Überzeugungen einsetzen, als es Christen tun«. Für Beyerhaus sind die nichtchristlichen Religionen ein »okkulter Abweg auf der Suche nach dem Heil«. Die Botschaft zwischen den Zeilen lautet also: Wenn Christen nicht genug missionieren, wird nicht nur der Islam siegen – sondern damit auch der Okkultismus. Noch weitgehender zitiert idea den Bundesvorstandsvorsitzenden der Bekenntnisbewegung, den Osnabrücker Pastor Wolfgang Nestvogel. Der Islam sei nicht nur eine »antichristliche Religion«, sondern hinter dem Islam stehe ein »satanischer Geist«.

Auf dem Hintergrund solcher Verteufelungen wirkt ein Titelbild vom Sommer 1997 um so demagogischer und aufwühlender: »Ausländer – Gilt ihnen größere Liebe?« fragt idea in großen Lettern. Sie umrahmen das Foto von vier ausländischen Mädchen, von denen eines ein Kopftuch trägt. Die sicherlich von der idea-Redaktion wohlüberlegte Titelfrage gibt Anlaß zu Fragen, was denn gemeint sei: Gilt ihnen Gottes größere Liebe? Sollen sie überhaupt in den Genuß von Liebe kommen – auch dann, wenn sie so starrköpfig sind und immer noch an Allah glauben? Oder meint idea, die Kirchen würden sich mehr um Ausländer (fast synonym könnte man sagen: um Muslime) kümmern?

Während idea auf diese Weise Ängste und Feindbilddenken schürt, betonen Beiträge immer wieder, daß es gar keine bemerkenswerte Fremdenfeindlichkeit in Deutschland gäbe. 90 Prozent aller Brände in Asylbewerberunterkünften und Ausländerwohnungen seien »von Ausländern selbst verursacht«, spielt idea die Gefahr rechtsextremistisch motivierter Anschläge herunter.

Idea-Leiter Helmut Matthies malt trotzdem die Zukunft schwarz. Seine Argumentation: »Mehr Ausländer in Deutschland bedeutet auch mehr Moslems.« Die Folge wäre eine Stärkung des Islams. »Wenn die Kirchen eine schnellere Einbürgerung bzw. mehr politische Rechte für Ausländer fordern, so hätte das auch eine Stärkung des Islams zur Folge«, folgert Matthies - und suggeriert damit: Die Kirchen schaufeln sich ihr eigenes Grab. Auch bemängelt er, daß die beiden großen Kirchen Deutschlands in einem Papier »Achtung vor den geistlichen und sittlichen Werten« der Muslims fordern. »Achtung also auch vor Religionen, die ... das Kreuz Christi verspotten?« Fest steht: Die Bergpredigt stand nicht Pate bei diesem Kommentar. Denn da heißt es, daß man auch die andere Wange hinhalten solle.

Sozialneid schwingt oft in Matthies' Kommentaren mit. »Es wird als Widerspruch empfunden, wenn angeprangert wird, daß 3,5 Millionen Arbeitsplätze und 900.000 Wohnungen in Deutschland fehlen, man gleichzeitig aber dafür plädiert, daß die Einwanderung nach Deutschland erheblich erleichtert wird«, räsoniert Matthies - und läßt offen, wer hinter dem anfänglichen »Es wird ...« eigentlich steckt: die Evangelische Allianz? Er selbst? Die Kirchen?

Todesstrafe und Apartheid

Idea versucht, Themen wieder diskutabel zu machen, die in den allermeisten Kirchen völlig klar beantwortet sind. In eine »Pro und kontra«-Rubrik eingebunden, griff idea zum Beispiel das Thema »Todesstrafe« auf. Professor Dr. Thomas Schirrmacher plädierte für die Praxis der Todesstrafe - nicht etwa aus »Blutrünstigkeit, sondern weil das biblische Zeugnis die Todesstrafe für notwendig hält«. Warum solle eine »heute diese auch vom Neuen Testament bestätigte Norm nicht mehr gelten?« fragt Schirrmacher das idea-Lesepublikum, das sich wegen seiner fundamentalistischen Grundpositionen selten gegen die biblische Norm auszusprechen pflegt. Zumal Schirrmacher als Hochschullehrer für Ethik und Mission vorgestellt wird. Interessant wäre diese Rubrik geworden, hätte idea einen anderen prominenten Evangelikalen für die Gegenposition gewonnen, der - zum Beispiel - die ebenfalls biblische Tradition der Feindesliebe entgegengesetzt hätte. In diesem Fall hätte Bibel gegen Bibel gestanden. Doch als ob idea seine Leserschaft vor den daraus resultierenden differenzierten Sichtweisen bewahren wollte, ließ er den ruheständigen Oberkirchenrat Hermann Kalinna argumentieren. In seiner nicht biblizistischen, sondern redlich-ethischen Argumentation muß Kalinna bibeltreuen Lesern als dem »Ethik-Professor« unterlegen vorkommen. Ob das beabsichtigt ist?

Auch über den Tellerrand der deutschen Wirklichkeit blickt idea hinaus. Berichte über evangelikale Missionswerke, über kirchliche Diakonie in Ländern der »Dritten Welt« zählen zur regelmäßigen Berichterstattung. Geht es nicht um kirchliche, sondern um politische Themen, schlägt idea sich auch in seiner Auslandsberichterstattung oft auf die politisch konservative Seite. Daß die Abschaffung ungerechter Verhältnisse und Machtstrukturen durch politische Mittel zum kirchlichen Auftrag gehört, ist eine bei idea höchst selten zu lesende Einstellung.

So hatte der Ökumenische Weltrat der Kirche (ÖRK) jahrelang gegen die Apartheidpolitik der südafrikanischen Regierung gekämpft. Rassismus widerspreche grundsätzlich dem christlichen Menschenbild, argumentierte der ÖRK und unterstützte südafrikanische Apartheidgegner mit Geld. Die Wahrung der Menschenwürde war dem ÖRK ein höheres Gut als die sichtbare Kircheneinheit. Aus Protest trat die »weiße« südafrikanische Kirche aus dem ÖRK aus. In Deutschland riefen viele Kirchen und christliche Initiativen zum Boykott südafrikanischer Produkte auf, um das Apartheidregime zu schwächen.

Die Berichterstattung von idea über die südafrikanische Problematik Anfang der achtziger Jahre hat die Zeitschrift »Diskussionsbeiträge zum erwecklichen Pietismus« analysiert. Fazit des Autors Reinhard Brückner: »Idea wirbt offensichtlich für die Politik der südafrikanischen Regierung. Apartheid wird nicht bejaht, aus christlichen Gründen eigentlich abgelehnt, gelegentlich etwas kritisiert. Doch das Unrecht, die Leiden der schwarzen, ›farbigen‹ und indischen Bevölkerung werden nie dargestellt, geschweige denn vermittelt ... Gegner der Apartheid werden angegriffen, ins Zwielicht gestellt, durch Darbietung der Regierungspropaganda verleumdet.« Allan Boesak, Präsident des Reformierten Weltbundes, und der anglikanische Bischof Desmond Tutu, beides christlich motivierte Apartheidgegner, werden ebenfalls in die Ecke kommunistisch beeinflußter Gegner gestellt. Zur Befreiungsbewegung hingegen habe idea die Inkatha-Bewegung mit ihrem Chief, dem Laienprediger Gathsa Buthelezi, hochstilisiert.

Ist idea für die Nachrichtenverteilung aus dem gesamten evangelikal-(frei-)kirchlichen Spektrum zuständig, hat sich die Deutsche Evangelische Allianz mit der »Konferenz Evangelikaler Publizisten« (kep) eine wirkungsvolle und reaktionsschnelle Schaltstelle in die Welt der Medien geschaffen. 1975 sprachen sich bei einem Treffen die Repräsentanten von Verbänden und Werken der Deutschen Evangelischen Allianz für die Koordinierung der bisherigen evangelikalen Öffentlichkeitsarbeit aus, um eine »wirkungsvoll und sachkompetente Vertretung der evangelikalen Bewegung in den Massenmedien zu werden«.

Deshalb ist auch die kep – ähnlich wie idea – weniger eine sachlich-wertfreie Institution als eine Lobby-Gruppe in eigener Sache. »Medien sind in unserer Gesellschaft zu einem entscheidenden, vielleicht sogar zum entscheidendsten Machtfaktor geworden«, schreibt kep-Geschäftsführer Wolfgang Baake. Um an der Macht teilzuhaben, mischt die kep mit im Machtgerangel der Medien.

15 Verlage gibt die kep vor zu vertreten – und damit »rund 60 Prozent des protestantischen Buchmarktes«. Nach eigenen Angaben vertritt die kep »mehr als 100 Zeitschriften und Zeitungen« sowie Anbieter der elektronischen Medien-Branchen Radio und Internet. Für 1999 ist die Eröffnung eines eigenen Medienbüros in Jerusalem angekündigt. Dort sollen sich »weltliche und christliche Journalisten aus aller Welt zum Gedankenaustausch treffen können« und Informationen über Israel, Judentum und den christlichen Glauben bekommen. Die bisherige Tätigkeit des Büroleiters Johannes Gerloff läßt die vorgesehene Informationspolitik erahnen: Gerloff kommt von der »Internationalen Christlichen Botschaft Jerusalem« (s. S. 97). Auch in Moskau ist die kep tätig. Ein kep-Außenbüro in Moskau hat – nach eigenen Angaben – in mehr als 2,5 Milliarden Zeitungsexemplaren »Artikel über Grundfragen des christlichen Glaubens« veröffentlicht.

In Deutschland arbeitet die kep bemerkenswert effektiv. Kontakte zu hochrangigen Politikern geben das Gefühl der Wichtigkeit. Kep-Leiter Baake begleitete Bundeskanzler Helmut Kohl 1995 auf einer Nahost-Reise. Berichte und Fotos der regelmäßigen Treffen von ausgesuchten Journalistinnen und Journalisten mit Kohl rauschten durch den evangelikalen Medienwald. Zur Einweihung des christlichen Medienhauses in Wetzlar reiste 1997 Kanzleramtsminister Friedrich Bohl an. »Wir brauchen in dieser Zeit nicht nur die Fixierung auf das

Goldene Kalb der Wohlstandsmehrung«, meinte der CDU-Mann: »Wir brauchen auch Orientierung durch die christliche Botschaft!«

Nach ihrem Selbstverständnis hat die kep ein »Wächteramt« übernommen »gegen die Verhöhnung von Glaube, Gott und Kirche in Medien und Werbung«.

Eines der Instrumente, in die nichtkirchliche Öffentlichkeit zu gelangen, ist der kep-Medienpreis. Für »glaubhafte Darstellung von Christsein in den Medien« wird er verliehen – natürlich vornehmlich jenen Journalistinnen und Journalisten, die nicht allgemein christliche, sondern evangelikale Anliegen in die weltlichen Medien bringen. Kai Dieckmann zum Beispiel. Als Mitglied der Chefredaktion von »BILD« hatte sich der junge Kollege maßgeblich dafür eingesetzt, daß CVJM-Vorsitzender Ulrich Parzany eine Rubrik in der Zeitung bekommt. Wer die Christlichkeit eines Prominenten, die Schönheit des Kindersegens oder evangelikale Führungspersonen in gutem Licht publiziert, darf sich des Dankes des kep sicher sein.

Auch die Vermittlung von Medienpädagogik zählt zu den Themen der kep. »Wir müssen keine Angst vor den Medien haben. Aber wir müssen wissen, wie wir mit ihnen umgehen können«, schreibt ZDF-Redakteur und EKD-Ratsmitglied Peter Hahne in seiner kep-Kolumne. Als PR-Abteilung der Evangelischen Allianz fordert die kep ihre Leser auf, sich mit Kritik an Fernsehprogrammen direkt an die Sendeanstalten zu wenden.

Eine weitere Parallele zu idea: Bei Reizthemen schießt auch kep über das Ziel der sachlichen Arbeit weit hinaus. Als »süßlich säuselnder Berliner Zahnärztinnen-Gemahl« wird etwa Talkmaster Jürgen Fliege vorgestellt. Der erfolgreiche TV-Pfarrer glaube »an vieles, aber vor allem an sich«. In seiner Kritik an Talk-Pastor Jürgen Fliege etwa zielt die kep mit der Offenlegung dessen vermeintlicher »Ehekrise« gänzlich unter die Gürtellinie. Das Privatleben eines Talkmasters auf diese Weise vorzuführen, und das auch noch nur als Zitat der »Bild am Sonntag«: diese Machart ist Unseriösität und Gehässigkeit auf unterstem publizistischem und christlichem Niveau.

In Ungnade gefallen ist auch der vormals in evangelikalen Kreisen durch seine Cartoons hoch angesehene bayerische Pfarrer Werner »Tiki« Küstenmacher. »Alles Tiki?!« hieß dessen Show in einem Privatfernseh-Sender. Weit von sachlicher Medienkritik entfernt, unkte die kep über Küstenmachers Versuche, den Glauben für ein kirchenfernes TV-Publikum humorvoll zu thematisieren. In der christlichen Zeitschrift »dran« (»Das Magazin zum Selberglauben«) schrieb

Küstenmacher eine satirische Kolumne über »christliche Rekorde«. Auch die sei, so die kep, »ziemlich danebengegangen« und sei, so suggeriert die kep, wegen mangelnder Qualität abgesetzt worden. Das fanden die dran-Leser augenscheinlich nicht. Der Druck der evangelikalen Medien-Lobby scheint der Grund dafür gewesen zu sein, daß die Kolumne mit ihren kritischen satirischen Persiflagen auf medienversessene Christen gekippt wurde. Küstenmacher rächte sich auf die humorvolle Art: In einem Buch über das christliche Fisch-Symbol zeichnete er einen Fisch, der mit grimmigem Gesicht sagt: »Ich pfeife auf idea«. Es ist wohl nur eine Frage der Zeit, bis der evangelikale R. Brockhaus-Verlag diese Sprechblase auf Druck der idea-Lobby entschärfen wird.

Auch mit Pastorinnen, die nicht evangelikal sind und sich trotzdem in die Medienöffentlichkeit wagen, geht die kep hart ins Gericht. Das bekam die Münchener Oberkirchenrätin Susanne Schullerus-Keßler zu spüren, als sie im »Wort zum Sonntag« ein Thema aufnahm und christlich reflektierte, das in aller Munde war: das Potenzmittel Viagra. Per Pressemeldung übte die kep Kritik: Das »Wort zum Sonntag« über »Viagra ist ein neuer Höhepunkt aus der Folge ›Dummheit in Potenz‹.«

In solchen und ähnlichen Meldungen bezeichnet sich die kep nicht als das, was sie ist: als evangelikale PR-Abteilung, sondern als »christlicher Medienverbund«. Kirchlich uninformierten Redakteuren wird so suggeriert, die kep vertrete offizielle kirchliche Meinung.

Dieser – aus Sicht der Öffentlichkeitsarbeit sicherlich geschickten – Taktik bediente sich die kep auch bei einem anderen Konflikt-Thema. Diesmal war kein Theologe, sondern ein Rockmusiker Zielscheibe der Kritik. Als »absolut geschmacklos und gotteslästerlich« bezeichnete kep-Geschäftsführer Baake das Lied »Jesus« von Marius Müller-Westernhagen. Der stets sensationslüsternen BILD-Zeitung kam die Wächterstimme aus Wetzlar gerade recht – sie titelte: »Warum die Kirche auf ›Jesus‹ sauer ist«. Die kep hatte erreicht, wovon PR-Abteilungen träumen: eine Millionen-Presse – und die Positionierung eines evangelikalen Anliegens in der Öffentlichkeit.

Daß die Grenze zwischen Kirche und Evangelikalismus verschwamm, ärgerte einen landeskirchlichen Medien-Pastor. »Herr Baake ist nicht die Kirche, sondern ein selbsternannter Glaubenswächter von der engstirnigen Sorte«, meinte Hinrich C. G. Westphal, Leiter des Amtes für Öffentlichkeitsdienst der Nordelbischen evangelisch-lutherischen Kirche. Westphal fand moderatere Töne für

Westernhagens Lied. Der Text sei zwar »hier und da etwas verrückt, dogmatisch nicht astrein« - doch »solange man die Sehnsucht nach Leben, Glück und Himmel mit Jesus verbindet, hat auch er sicher nichts dagegen.«

Baake führte den Kampf weiter. Als »ebenso falsch wie überflüssig« bezeichnete er die Meinung des offiziellen Presse-Pastors Westphal. Auf der Flamme eines relativ harmlosen Themas koche Baake danach ein Süppchen des Kirchen-Rundumschlags. »Es gibt scheinbar keine noch so abwegige Position, die nicht doch noch in der Nordelbischen Kirche Freunde findet.«

Daß die kep nicht nur im offiziell-kirchlichen Lager, sondern auch im Profi-Journalisten-Lager umstritten ist, zeigt ein Konflikt um einen ZDF-Gottesdienst. Rainer Stuhlmann, Superintendent und Mitglied der Kirchenleitung der Evangelischen Kirche im Rheinland, hatte die Predigt gehalten - sein Thema: die gleichgeschlechtliche Liebe. »Ist vielleicht Angst die geheime Brille, mit der wir ein Verbot gleichgeschlechtlicher Liebe in die Bibel hineinlesen?« Damit traf Stuhlmann den Nerv der »1,3 Millionen Evangelikalen«, die die kep zu vertreten vorgibt. »Theologisch unverantwortlich« nannte kep-Chef Baake diese Äußerungen, fragte an, ob denn ein Theologe wie Stuhlmann überhaupt noch tragbar sei für die Kirche, und beklagte dieses »Eigentor für die evangelische Rundfunkarbeit«.

Mit seinem neuerlichen Rundumschlag schoß Baake sich selbst ein Eigentor. Wolf-Rüdiger Schmidt, als ZDF-Redaktionsleiter verantwortlich für die Gottesdienstübertragung, erinnerte Baakes Kritik »in Form und Inhalt an jene Tiraden, die man sonst von der extremen Rechten des politischen Alltags gewohnt ist. Dies kann doch wohl nicht im Sinne eines nachdenklichen und bibeltreuen Glaubens in unserer Zeit sein.« Schmidts Meinung nach zeigt die kep-Tirade, »wie wenig legitimiert ein einzelner für das breite Spektrum jener sprechen kann, die mit Ernst in unserer Zeit Christ sein wollen.«

Die aggressive Polemik gegenüber kirchlich beauftragten und seriösen Geistlichen ist um so unverständlicher, als die kep Werte wie journalistische Fairneß und publizistische Redlichkeit hochhält. Daß inhaltliche Differenzen zwischen dem evangelikalen Lager und volkskirchlich-liberalen Medien-Pfarrer(inn)en zu solchen Wertungen hinreißen, wirft dunkle Schatten auf die Schere zwischen Anspruch und Wirklichkeit des kep. »Die Freiheit, auch die publizistische Freiheit, hat ihre Gesetze und Grenzen.« Wolfgang Baake sprach diesen Satz während eines berufsethischen Lehrgangs für Angehörige der Bundesgrenzschutz-Spezialtruppe GSG 9. In seinem eigenen Haus wird er anscheinend nicht immer beherzigt.

Fundamentalisten: *idea*le Talkshow-Gäste

Weniger das Wirken von kep und idea als der seit Mitte der neunziger Jahre grassierende Talk-Show-Boom verhilft vielen fundamentalistischen Christen zu Fernseh-Ehren. Deswegen können die evangelikalen PR-Arbeiter hoffnungsvoll in die Zukunft blicken. Denn in Zeiten der »heißen Stühle« und inszenierten Studio-Wortgefechte bieten fundamentalistische Talk-Gäste allemal mehr Zündstoff als seriöse Kirchenvertreter. »Die Medien halten sich lieber an solche Kirchenvertreter, von denen profilierte Aussagen zu erwarten sind«, kommentiert der Sozialwissenschaftler Eckhard Nickig in »idea«. Seine Einschätzung ist durchaus realistisch: »Die politisch korrekten Toleranz-Phrasen linksliberaler Oberkirchenräte sind für Fernsehsender, die auf Einschaltquoten achten, offensichtlich immer uninteressanter.«

Gerade bei Reizthemen wie (Homo-)Sexualität und Islam sind tatsächlich einige Evangelikale willkommene Studiogäste. Willfährig erfüllen sie die Erwartungen der Redaktionen und liefern jene Fundamental-Opposition, die Studio-Zoff garantiert und damit die Zuschauer vor dem Bildschirm hält. Damit lassen sich die Evangelikalen auf just die Talk-Show-Konzepte ein, die sie ansonsten wegen Oberflächlichkeit verdammen. Ihren Willen, »mehr Evangelium« in die Medien zu bringen, meinen sie darin zu erfüllen, sich selbst mit konservativ-christlichen Argumenten ins Gespräch zu bringen.

Neben den Prominenten der fundamentalistischen Szene wie etwa Elisabeth Motschmann oder Georg Huntemann genießen zuweilen auch eher unbekannte Vertreter das Scheinwerferlicht. Zum Beispiel Roland Reuter. Der Pastor wurde von der rheinischen Landeskirche in den vorzeitigen Ruhestand versetzt - der Vorwurf: Reuter habe »Andersdenkende ausgegrenzt«. Das hinderte Sabine Christiansen nicht, den als Hardliner bekannten Theologen in ihre sonntagabendliche Talk-Runde zu laden - ausgerechnet zum Thema »Fremd im eigenen Land - Islam auf dem Vormarsch?« In der Dramaturgie der Sendung spielte Reuter die Rolle, die ihm die Regie zugedacht hatte. Ob denn der Islam überhaupt mit rechtsstaatlichen Vorstellungen vereinbar sei, fragte er mahnend an, sprach sich gegen den öffentlichen, lautsprecherverstärkten islamischen Gebetsruf aus – schließlich lade er dazu ein, zu »einem falschen Gott« zu beten. Auch warnte Reuter vor einer »Balkanisierung des Ruhrgebiets«.

Keine Sendung zuvor habe so »starke inhaltliche Reaktionen« ausgelöst, zitierte daraufhin idea genüßlich die Produktionsfirma der Christiansen-Show – und die Moderatorin selbst: Reuter habe wesentlich dazu beigetragen, »daß zentrale Aspekte erörtert werden konnten und unsere Zuschauer einen überaus interessanten Abend erleben durften«. Mit Beschämung hingegen reagierte das rheinische Landeskirchenamt. »Ausgerechnet am Vorabend des 60. Jahrestages der Reichspogromnacht werden unter den Augen einer seriösen Journalistin Argumente der Intoleranz gegenüber Andersgläubigen geliefert«, empörte sich der Vizepäses der Rheinischen Landeskirche.

Die Aufforderung des evangelikalen Publizistik-Nestors Horst Marquardt scheint also überholt zu sein. »Normalität ist offensichtlich nicht gefragt«, meinte er, deshalb müßten Evangelikale »sehr erfinderisch sein, wenn sie am öffentlichen Gespräch teilnehmen wollten«. Die Wortführer der Evangelikalen seien zu normal, um in Talk-Shows eingeladen zu werden, beklagte Marquardt damals.

Literatur

Reinhard Brückner: Die IDEA-Berichterstattung zum Themenbereich Südafrika in der Zeit von 1981 bis 1984, in: Diskussions-Beiträge zum erwecklichen Pietismus 2/85

Helmut Matthies (Hrsg.): Die Medien-Herausforderung. Christen und die Publizistik, Gießen/Basel 1994

Helmut Matthies / Jens Motschmann: Rotbuch Kirche, Stuttgart 1976

Wahre Liebe wartet:

Sünde, Sex und keusche Frauen

Und Gott sah an alles, was er gemacht hatte,
und siehe, es war sehr gut.
Genesis 1, 31

Karikaturen beschreiben die Wirklichkeit oft eindringlicher als schriftliche Abhandlungen. Zum Beispiel diese: Zwei Pfarrer unterhalten sich. Sichtlich stolz und mit erhobenem Zeigefinger berichtet einer seinem Amtsbruder: »Zehn Kinder - und alle ohne Lust gezeugt!«

Dieses Gespräch wird so nicht stattfinden. Jedenfalls nicht wörtlich. Unausgesprochen schon. Denn die Spannung zwischen dem Idealbild einer kinderreichen Familie und der vermeintlich verteufelten Sexualität macht vielen fundamentalistisch gläubigen Christen zu schaffen.

Lustfeindlichkeit ist jedoch keineswegs eine neu geschnitzte Moralkeule der Fundamentalisten. Jahrhundertelang hat die Kirche Sexualität verpönt, mit dem Teufel in Verbindung gebracht und als Sünde bezeichnet. Lust entferne von Gott, sei schmutzig, sei Folge der Ursünde, verunreinige Körper und Seele: Viele Christen haben mit diesen Einstellungen ihr Leben lang zu kämpfen.

Fundamentalisten führen diesen Kampf in einer besonderen Weise. Die Möglichkeit, Sexualität und Lust als Gottesgaben anzusehen, bleibt ihnen verschlossen. Statt dessen binden sie Sexualität erstens an die Ehe und zweitens an einen Begriff von »sexueller Normalität«, den sie aus der Bibel herauslesen. Bei jedem anderen Thema gelingt ihnen der biblische Bezug besser als bei diesem. Denn zu offenbar ist, daß ihnen Angst, Schuldkomplexe und Unsicherheiten größere Ratgeber sind als die Heilige Schrift.

Die Bibel zeige »unmißverständlich auf«, meint etwa der freikirchliche Pastor Helmut Weidemann in einem Aufsatz der Zeitschrift »Konferenz für Gemeindegründung«, daß Verliebte und Verlobte »nicht im gleichen Zimmer, Wohnwagen, Zelt etc. übernachten oder gar wohnen sollen«. Nur die öffentlich geschlossene Ehe sei der legitime Ort sexuellen Zusammenseins. Dem Theologen ist klar, daß von Jesus solch detaillierte Anweisungen nicht überliefert sind. Aber auch der habe es so gemeint, habe es nur nicht extra erläutern müssen, weil darüber zu seiner Zeit Einigkeit bestanden habe. Auch die Möglichkeit, daß Verlobte zwar zusammen wohnen, aber nicht zusammen schlafen, hält Weidemann für sündig, denn dann »vermitteln sie ihrer Umgebung die Botschaft, daß sie auch miteinander schlafen, wie es heute in der Gesellschaft üblich ist«. Ihr christliches Zeugnis würde dadurch zweifelhaft und unglaubwürdig.

Sexuelle Normalität und Gottgewolltheit – diesen Zusammenhang beschreiben christliche Fundamentalisten meist in der Abgrenzung. Verwerflich werden Homosexualität, »Perversionen«, vor- und außerehelicher Geschlechtsverkehr und Selbstbefriedigung sowie künstliche Empfängnisverhütung genannt. Die positive Füllung wird angedeutet in Wortkombinationen wie »erfüllte« oder »reine Sexualität«.

Eng mit dem Thema Sexualität sind zwei weitere fundamentalistische Hauptthemen verknüpft: die Abtreibung sowie das Verhältnis der Geschlechter zueinander.

»Homosexualität ist heilbar!«

Biblischer Anwalt für die rigide Abwehr der Homosexualität ist der Apostel Paulus. In seinem Brief an die Gemeinde in Rom hatte der Apostel es als »widernatürlich« bezeichnet, wenn »Männer mit Männern Unzucht treiben« und Frauen den »natürlichen Verkehr mit dem widernatürlichen« vertauschen. Diese Sätze erhalten in der fundamentalistischen Engführung Gesetzes-Charakter; ihr Gewicht wird größer als etwa das allgemeine Liebesgebot oder die Forderung nach Barmherzigkeit.

Genau andersherum sieht es bezeichnenderweise der Vorstand des Geistlichen Rüstzentrums Krelingen (GRZ). Nicht die Ablehnung, sondern die »kirchliche Bejahung« von Homosexualität sei unbarmherzig, »weil sie den Betroffenen dazu verdammt, so zu bleiben, wie er ist«.

Hinter dieser in fundamentalistischen Kreisen weitverbreiteten Denkfigur steht die Annahme, daß Homosexualität nicht angeboren, sondern angewöhnt sei, eine psychische Störung, die mit Hilfe christlicher Seelsorge behoben werden könne. Daß Menschen homosexuell empfinden, müssen christliche Fundamentalisten selbst in ihren eigenen Kreisen wahrnehmen (wenn auch hinter vorgehaltener Hand). Die ethische Anweisung für solche Fälle lautet: Lebe deine Homosexualität nicht, sondern versuche, dich von ihr zu befreien. Denn allein Heterosexualität sei glückbringend und den Geboten Gottes entsprechend.

Daß sich Synoden selbst evangelischer Landeskirchen für die Anerkennung homosexueller Partnerschaften aussprechen, sogar über die Möglichkeit deren Segnung diskutieren, ist für die Fundamentalisten schlechterdings eine Unmöglichkeit. »Hier ist kein Spielraum«, heißt es aus dem GRZ; »die Kirche der Reformation ist an die Schrift gebunden. Wird ein Dominostein umgestoßen, gibt es kein Halten mehr.« Der innerkirchliche Streit um die ethische Bewertung von Homosexualität berührt, anders als in Synoden, nicht eine Randfrage, sondern wirft die grundlegende »Gottesfrage« auf.

In ihrer eigenen Sicht grenzen die Evangelikalen keineswegs Homosexuelle aus. Im Gegenteil: Sie bieten ihnen Seelsorge an, denn Homosexualität sei heilbar. Den Betroffenen müßte das »Zeugnis von der Veränderbarkeit geschlechtlicher Prägungen« gegeben werden, meint der Bekenntniskonvent der Internationalen Konferenz Bekennender Gemeinschaften.

Wahre Liebe wartet

»Wahre Liebe wartet« auch in Deutschland. Die »Christen für die Wahrheit«, eine rechtskonservative Christengruppierung mit Sitz im schwäbischen Gschwend, hat die US-Aktion »True love waits« nach Deutschland importiert. Bunte Postkarten (»mit einer Mark bist du dabei!«) verlangen pubertierenden Christen ein limitiertes Zölibats-Gelübde ab: »Durch die Gnade Gottes verpflichte ich mich ab heute vor Gott, mir selbst, meiner Familie, meinen Freunden und meinem zukünftigen Ehepartner, bis zum Tag meiner Heirat sexuell rein zu bleiben.« Datum - Unterschrift. 10 000 Jugendliche aus Deutschland, den Niederlanden und der Schweiz haben sich laut idea bereits auf die freiwillige Keuschheit verpflichten lassen.

»Christen für die Wahrheit« belassen es nicht bei dieser Aktion. Auch Aufklärungsbemühungen staatlicher Stellen gehen sie offensiv an. »Let's talk about Sex« hieß eine Broschüre der rheinland-pfälzischen Zentrale für gesundheitliche Aufklärung. Die »Christen für die Wahrheit« wollten offenbar nicht darüber reden, sondern diffamierten das Heft auf Spruchbändern als »Sex-Heft«, das »Perversion statt Aufklärung« biete. »Pure Lust bringt Frust«, stand auf einem Plakat, das sie auf einer Demonstration vor dem Mainzer Schauspielhaus pressewirksam hochhielten; auf anderen stand die Ideologie der Gruppe in zugespitzter Form: »Jungfrau ist kein schmutziges Wort«, »Sexualaufklärung bis zum Erbrechen?«, »Sexualität ist ein Geschenk Gottes für die Ehe«.

In einem Bericht über die Aktion »Wahre Liebe wartet« verbindet idea-Reporter Marcus Mockler die fundamentalistische Forderung nach Keuschheit mit idea-typischer Kirchenkritik: »Unter den ungezählten Stellungnahmen, die Synoden und Kirchenleitungen nahezu pausenlos produzieren, findet sich keine, die sich mit dem Eindämmen des vor- und außerehelichen Geschlechtsverkehrs befaßt!« Es habe nichts mit Prüderie zu tun, so Mockler, »wenn man junge Menschen davor bewahrt, ihre körperliche Perle, die Sexualität, vor die Säue zu werfen. Es hat etwas damit zu tun, ob man es gut mit den Jugendlichen meint.«

Nicht nur vor-, auch nachehelicher Geschlechtsverkehr gehört zum fundamentalistischen Sexualsündenkatalog. Fehlt der Ehepartner, so Walter Nitsche in seinem Buch »Erfüllende Sexualität«, »sollte keine sexuelle Betätigung erfolgen«, denn sie wäre als eine Form des »Ego-Sex« »destruktiv«. Dabei gehe es nicht um Unterdrückung, sondern um »Stillegung« der Sexualität – so wie ein fahrtüchtiges Schiff im Hafen vor Anker geht. Mit einer rhetorischen Frage tritt Nitsche dem Einwand entgegen, daß ein Mensch ohne ausgelebte Sexualität verarmen würde: »Könnte man den Sohn Gottes, den edelsten, vollkommensten Menschen, der je auf dieser Erde gelebt hat – Jesus Christus selbst – als verarmt bezeichnen?« Den vermeintlich biblischen Befund, Jesus habe seine Sexualität nicht ausgelebt, bleibt Nitsche jedoch schuldig.

Sexuelle Reinheit in der Ehe

Hier haben es die Fundamentalisten am einfachsten – immerhin gehört die Tugend der Treue zu den zehn Geboten. Doch so wie Jesus die Gebote in der Bergpredigt noch überspitzt hat, läßt auch die fundamentalistische Ethik nicht die Ehemänner und -frauen in Ruhe, die sexuell treu sind. »Augensünde« heißt der Begriff, der Verheirateten wie Ledigen, Jugendlichen wie Erwachsenen das Leben schwer macht. Und zwar vornehmlich Männern, denn sie seien besonders stark »visuell ausgeprägt«, wie der Familienpädagoge Eberhard Mühlan behauptet. Verheiratete Männer sollen deshalb ihre sexuellen Phantasien »allein auf die eigene Ehefrau« ausrichten. Dabei gehe es nicht darum, daß Gott den Spaß am Leben nehmen will – im Gegenteil, meint Mühlan in idea: »Gott will, daß wir uns an ihr erfreuen – in der Ehe!« Die Vorteile des »sexuell reinen Lebens« lägen auf der Hand: ein gutes Gewissen; eine reine Phantasie; Bewahrung vor Geschlechtskrankheiten; die Kinder wachsen in einer »intakten Familie« auf; Schutz vor finanziellen Krisen durch Scheidungskosten.

Zur sexuellen Reinheit gehört in vielen Kreisen auch die Ablehnung jedweder künstlicher Empfängnisverhütung. Hier treffen sich die evangelischen Fundamentalisten mit der offiziellen Lehre der katholischen Kirche. »Der Papst hat recht« schreibt die Frauenärztin Gabriele Wloka, deren Heft in der evangelikalen Szene kursiert: »Warum ich keine Anti-Baby-Pille verschreibe«. Pille, Spirale, Sterilisation entfernen ihrer Meinung nach von Gott. Der Körper werde verunreinigt und die Verbindung zu Gott gestört. Aus medizinischer Sicht sei die Pille bedenklich, moralisch verwerflich. »Das Nein zur Kontrazeption ist kein Gesetz der Kirche, sondern ein Gesetz Gottes. Sie ist daher nicht in die freie Gewissensentscheidung gestellt«, argumentiert die Gynäkologin.

Am Ende ihrer Broschüre weitet sie ihre Gründe predigtähnlich aus: Gott liebe die Frauen besonders »in ihrer Reinheit. Er läßt sie wunderbar erstrahlen. Sie sind Juwelen unter Kieselsteinen. Wie wertvoll ist die so verlachte Reinheit und Keuschheit vor, außerhalb und in der Ehe.«

Auch Männer haben sich der sexuellen Reinheit verschrieben: die »Promise Keepers«. Als »Männer, die Wort halten« bezeichnen sich die Anhänger. Ihr Wort wollen sie mittels sieben Versprechen halten. »Ein Promise Keeper«, heißt es da, »investiert seine Hingabe in seine Ehe und Familie. Er weiß, daß ihre Tragfähigkeit von seiner Liebe, seinem Schutz und seinem Leben nach biblischen Werten abhängt ...« - und: er »lebt in geistlicher, moralischer und sexueller Lauterkeit und Reinheit.«

In den USA sind die Promise Keepers inzwischen zu einer der mächtigsten Gruppen der fundamentalistischen Szene herangewachsen. Anderthalb Millionen Männer bezeugten bei einer Demonstration vor dem Weißen Haus, daß sie Verantwortung übernehmen wollen - nicht nur für ihre Familie, auch für die gesamte Gesellschaft.

Sünde Selbstbefriedigung

»Davon kommt Rückenmarkschwund!« Diese vermeintlich biologische Folge ist noch die harmlosere Variante der fundamentalistischen Umgehensweise mit Onanie. Die härtere und für die Entwicklung von Kindern und Jugendlichen noch schädlichere ist die Prägung eines Zusammenhangs von Selbstbefriedigung und Sünde. Den eigenen

Körper nicht kennenlernen zu dürfen, die Sexualität nicht am eigenen Leib spüren zu dürfen – vielen in christlich-fundamentalistischen Kreisen Aufgewachsenen war das eine große Bürde und hat Sexualstörungen verursacht, die bis ins Erwachsenenalter hineinreichen.

Daß Fundamentalismus keineswegs nur eine buchstabenhörige Auslegung biblischer Texte ist, sondern in der Projektion der eigenen Moral in die Bibel hinein besteht: dieses Phänomen läßt sich beim Thema Selbstbefriedigung besonders deutlich beobachten. Wie gehen also Fundamentalisten beispielsweise mit dem Fakt um, daß sich die Bibel nirgendwo über Masturbation äußert? »Die Bibel erwähnt ja auch nicht sämtliche sexuellen Abarten (Perversionen) wie z. B. Voyeurismus, Masochismus oder Fetischismus – und trotzdem wissen wir, daß all dies eine Verzerrung der gottgewollten Sexualität darstellt und den Menschen versklavt.« Walter Nitsche heißt der Verfechter dieser Theorie, die er in seinem Buch »Erfüllende Sexualität« dargelegt hat. Nie dürfe sexuelle Betätigung losgelöst von einem »echten, geistig-seelischen Leben« gesehen werden, meint Nitsche. Der christliche Sex-Berater beläßt es nicht bei der Hoffnung, diese Ausführungen würden bei seinen Lesern abschreckende Wirkung erzielen. Nitsche wird konkret. Mit psychologischem Pathos verstärkt er den Druck. »Es ist ein Zeichen von gesundem Gewissen, wenn ein Menschen schlechten Gewissens masturbiert«, schreibt er, nennt als Spätfolgen »gedanklichen Ehebruch« und fordert dazu auf, Situationen zu vermeiden, die zur Selbstbefriedigung verführen: zum Beispiel fernsehen. Väterlich wirkt der Rat Bruno Schwengelers, den er zitiert: »Ein junger Mensch wird erst dann bindungs- und liebesfähig, wenn er anfängt, verzichten zu lernen. Wer am Morgen im Bett liegen bleibt, nur weil sein Gefühl ihm sagt, er möchte eigentlich noch liegen bleiben, wird sicher nicht zu einem verantwortungs- und bindungsfähigen Menschen heranreifen ...«

»Abtreibung ist Mord!«

Die irrationalen Argumente fundamentalistischer Abtreibungsgegner werfen die Vermutung auf, daß hinter dem selbstverständlich christlich-ethisch diskutablen Anliegen des »Schutzes des ungeborenen Lebens« andere Gründe mitspielen. Die Unterordnung der Frau unter den Mann, die Angst der christlichen Männer vor der Selbstbestimmung der Frauen, die oft verklemmte Sexualität der in fundamentalistischen Denkstrukturen Gefangenen könnte eine Erklärung für die starre und Frauen gegenüber kompromißlose Haltung seitens fundamentalistischer »Lebensrechtsbewegungen« sein.

In den USA stürmten bereits aufgebrachte christliche Fundamentalisten sogenannte »Abtreibungskliniken« und terrorisierten Ärzte, die Abtreibungen vornehmen. Angesichts der massiven und aufwieglerischen Hetztiraden deutscher Abtreibungsgegner ist dieses Szenario auch hierzulande vorstellbar. Denn die Enttäuschung über die von der CDU mitbeschlossene Fristenregelung ist groß. »Alle demokratisch-bürokratischen Abstimmungen haben wir Christen verloren«, klagt ein in der »Lebensrechtsbewegung« aktiver Christ, und fordert, »von den Robbenschützern, Schwulenbefürwortern und allen anderen Randgruppenkämpfern« zu lernen, wie man über spektakuläre Aktionen auf Themen aufmerksam macht. Geschickt den Straftatbestand der Aufwiegelung zu kriminellen Handlungen umschiffend, kleidet er sein Begehren in Frageform: »Ändert sich erst dann etwas, wenn wir Abtreibungskliniken besetzen, Ärzte, die töten, namentlich anprangern und die zerstückelten Kinder aus den Mülltonnen holen und in die Redaktionshäuser schicken? ... Ich vermute, erst dann wird man uns Gehör schicken. Der Preis ist hoch, aber sollte man nicht alles wagen, wenn man auch nur ein einziges Kind retten kann?«

Wie hoch der Preis sein kann, mußte ein christlich motivierter Abtreibungsgegner in Erlangen erfahren. Wegen Beleidigung verurteilte ihn das Nürnberger Landgericht zu einer Geldstrafe in Höhe von 1200 Mark. »Schlimmer als im KZ« behandle ein Nürnberger Frauenarzt, den der Christ als »Folterknecht« und »Berufskiller« bezeichnet hatte. Seine Motivation, begründete der Verurteilte, resultiere »aus der ethischen Pflicht, die zum Kern und Wesen des christlichen Glaubens gehört, nämlich Menschen in Lebensgefahr beizustehen.« An der Aufwiegelung gegen den Arzt war auch die Partei Bibeltreuer Christen beteiligt. Am Ewigkeitssonntag 1998 lud sie zum Gebetsmarsch zur Nürnberger Klinik ein.

Eine Aussteigerin: »Alles drehte sich um Sex!«

Allgegenwärtig ist das Thema Sexualität im fundamentalistischen Denken und Leben – obwohl es im Schrifttum der Szene nur wenige Regalmeter einnimmt. »Das Klima war völlig aufgeheizt«, berichtet ein ehemaliger Bibelseminar-Schüler. »Wir waren 48 Jungs und 12 Mädchen. Wir standen unter permanenter Kontrolle seitens der Leitung. Aber wir kontrollierten uns auch selbst. Wir deckelten unsere Sexualität. Trotzdem gab es eine große Rivalität um die Gunst der Blicke.«

Das Gemisch aus gebotener Reinheit und unausgesprochenen Wünschen, aus erwachenden Gefühlen und erwarteter Selbstdisziplinierung können diejenigen am besten schildern, die es miterlebt – und sich später davon abgewendet haben. Die heute als Pastorin arbeitende Birgit Locnikar ist eine von ihnen. Als sie vierzehn Jahre alt war, geriet sie in eine evangelikale Jugendgruppe, die »Catacombe«. Die Clique bot Locnikar das, was sie suchte: »Ich konnte regelrecht spüren, daß sich dort alle liebten und mir viel Wärme entgegenbrachten. Das öffnete mir das Herz für alles, was sie sagten, dachten und lebten – also für Gott, wie sie ihn verstanden.« Birgit Locnikar bekehrte sich zu Gott. Von nun an war sie eine »wiedergeborene Christin«. Da ihre Eltern diesen Schritt nicht mitmachten, wurde die Catacombe ihre Ersatzfamilie.

Bald übernahm sie das Wertesystem der Gruppe. »In mir brannte ein Feuer, das meinen Blick für die Welt und die Menschen verändert hatte. Ich sah sie mit den Augen Gottes. Diese Augen Gottes unterschieden in *für* Gott oder *gegen* Gott, bekehrt oder nicht.« Nach dieser Skala waren auch die eigenen Eltern »Feinde, denn sie liebten Jesus nicht«, erinnert sie sich – und freut sich im Rückblick, daß ihr die Bekehrung der Eltern »Gott sei Dank« nicht gelungen sei.

Zum Glauben der Catacombe gehörte auch die Lehre, daß Gott mit jedem einzelnen Menschen einen »wunderbaren Heilsplan« habe. In diesem Heilsplan sei auch der Ehepartner oder aber die Ehelosigkeit vorherbestimmt. Durch Ungehorsam könnte dieser Plan unterlaufen werden – die Folge wäre ein Leben in Sünde und Unglück.

»Der gottgemäße Weg in die Liebe« lautete der Titel eines Traktates, das unter den Jugendlichen kursierte. Vor der Verlobung dürfe man sich nicht küssen, hieß es darin, und solle sich am besten auch nicht mit dem geliebten Menschen alleine treffen. Miteinander schlafen dürfe man sowieso nur in der Ehe – sonst liefe man Gefahr, mit einem »falschen Partner« Geschlechtsverkehr zu haben.

»Tragödien spielten sich bei einigen von uns ab«, erinnert Birgit Locnikar – und erzählt von Verliebten, die beim Sex ertappt wurden und denen Sünde eingeredet wurde. Erniedrigende Bußpredigten hätten sie ertragen müssen. »Gott und Sexualität wurden gegeneinander ausgespielt. Immer wenn erotische Gefühle aufkamen, folgte das schlechte Gewissen sofort, und die ›Klarheit‹, daß man füreinander bestimmt war, verschwand. Diese Verzweiflung führte dann unweigerlich zur Trennung, denn wie sollten wir die Zerrissenheit zwischen Verbot und Gefühl, zwischen Gott und Freund oder Freundin aushalten?«

Birgit Locnikar berichtet weiter: »Uns interessierte natürlich besonders, welchen Mann oder welche Frau Gott für uns geplant hat. Wie sollte man sich sicher sein, ob man den Richtigen, die Richtige liebt? Antwort: ›Trennt euch erst einmal und betet dann um Klarheit‹. Als ›Klarheit‹ bezeichneten wir eine Eingebung, die während des Bibellesens kommen sollte. Ein bestimmter Vers sollte einem ins Auge springen und Gott durch ihn reden. Ein junger Mann, den ich liebte und zum Glauben geführt hatte, trennte sich von mir, als ich 16 Jahre alt war, damit wir um Klarheit beteten. Wir hatten ein Zeitraum von zwei Monaten abgesprochen. Dann wollten wir uns die durch Gott ergangene Entscheidung mitteilen. Sechs Wochen lang hatte ich mich bemüht und gequält, die rechte Einstellung zu finden. Mein Ego tat sich so schwer, bereit zu sein, Gottes Willen, egal, was er verlangen würde, hinzunehmen. Schließlich war es meine erste Liebe, und sie war noch keineswegs verblaßt. Kurz vor Ablauf der Frist bekam ich meine heißersehnte Klarheit: ›Ich will mich mit dir verloben, und du wirst den Herrn erkennen. Ja, in Treue will ich mich mit dir verloben, und du wirst den Herrn erkennen« – ein Vers aus dem Buch des Propheten Hosea. Ich zitterte bei dem Gedanken, daß ich mir die Klarheit, um die ich so hart gerungen hatte, nur eingebildet hätte und mein Freund von Gott etwas ganz anderes erfahren hätte. Dann sahen wir uns wieder. Unter einer alten Eiche gaben wir uns das Ja-Wort, daß wir Mann und Frau werden wollen. Er hatte von Gott den Spruch bekommen: ›Genieße das Leben mit dem Weibe, das du lieb hast‹ (Prediger 9,9). Ich weiß noch ganz genau, wie mich eine Woge des Glücks und der Dankbarkeit überschwemmte. Andererseits wurde die Stunde von einem Schatten überlagert: Ich hatte immer nur um seine Antwort auf die Frage: ›Dürfen wir zusammensein?‹ gebetet. Die Frage, ob ich jetzt schon eine Entscheidung fürs Heiraten fällen könne, schob ich vor mich her, vergaß ich einfach. Als er dann aber fragte: ›Willst du meine Frau werden?‹ spürte ich, daß die Klarheit sich zwar auf das Zusammensein bezog, das Thema Heirat hatte ich aber noch gar nicht abgeschlossen. Ich sagte trotzdem ›Ja‹. Wir bestellten Verlobungsringe. Aber irgendwie steckte der Wurm drin. Er holte sie nie ab. Ein Jahr später, als er auf ›Katholikenmission‹ in Österreich war, trennten wir uns.«

An einen Satz erinnert sich Birgit Locnikar noch ganz genau. Ein ehemaliger Freund aus der Catacombe sagte ihr: »Alles drehte sich doch nur um das, was in der Hose passiert. Der Glauben, wie wir ihn verstanden, wurde in keiner Weise dem Menschen in uns gerecht.« »Das trifft den Nagel auf den Kopf«, meint Locnikar, »uns wurde immer vermittelt, daß wir statt eines Körpers und Gefühlen lieber eine Wolke in der Bluse oder Hose haben sollten. Und manche taten auch so, als würde es bei ihnen so sein. Wie verwerflich war das Bewußtsein, schöne und lebendige Brüste oder Schenkel zu haben. Wie sträflich, sich schön und figurbetont anzuziehen oder sich zu schminken! Sich leiden zu mögen, war nicht angesagt.«

Durch Kontakte mit nicht-evangelikalen Christen kommt Birgit Locnikar ins Grübeln. »Mein eigentliches Damaskus-Erlebnis«, berichtet sie, »das nicht nur meine Gedanken, sondern auch mein Herz befreite und aufleben ließ, machte ich, als ich das erste Mal mit einem Mann, meinem zweiten Freund, schlief. Noch nie hatte ich mich Gott so nah gefühlt wie in diesem Moment; noch nie war ich so sehr von innerer Freude erfüllt wie in dieser Nacht und am nächsten Morgen und den kommenden Tagen und Wochen. Man hatte uns vorausgesagt, daß der Geschlechtsverkehr eine große Sünde wäre, daß man sich mit diesem Akt unendlich weit von Gott entferne. Nun spürte ich genau das Gegenteil: Ein tiefes Gefühl von Angenommensein machte sich in mir breit und hat mich seitdem nicht mehr verlassen. Es betraf mich und meinen Körper.«

»Das Weib schweige in der Gemeinde«

Birgit Locnikar hatte den Absprung aus der engen Clique »wiedergeborener Christen« geschafft – sogar so gut, daß sie sich entschloß, entgegen dem fundamentalistischen Gebot Pastorin zu werden.

Meist sind es Männer, die moralistische Vorstellungen zum Thema Sexualität in die Öffentlichkeit bringen. Männer sind es auch, die die Unterordnung der Frau unter den Mann verlangen – sowohl in der Ehe, Familie als auch in der Gemeinde. Auch dies wird anhand einschlägiger Bibelstellen als Gottes Gebot gelehrt: »Das Weib schweige in der Gemeinde«.

Nur die wenigsten Fundamentalisten werden diese harten Worte gebrauchen, sondern ihre Auffassung in schmeichelhafte Worte verpacken. »Frauen sind wunderbare Menschen mit vielen Gaben ... in Kirche, Mission, Familie und Beruf leben sie in bewundernswerter

Weise ihre Berufung«: So beginnt Helge Stadelmann, Rektor der Freien Theologischen Akademie Gießen, seine Argumentation - um sodann mit der Bibel bewaffnet »nur ein Amt für christliche Frauen« für unmöglich zu erklären: den »Hirten- und Lehrdienst in der Gemeinde«. Wenn eine Kirchengemeinde oder Gemeinschaft sich als Gemeinde im Sinne des Neuen Testaments versteht, sollte sie auf das Ältestinnen- und Pastorinnenamt verzichten.«

Das meinen immer noch viele Pastoren. Selbst innerhalb der evangelischen Landeskirchen, die inzwischen allesamt die Frauenordination eingeführt haben, weigern sich Geistliche, von ihren Amtsschwestern das Abendmahl entgegenzunehmen. Nicht nur als geistliche Würdenträgerinnen grenzen sie Frauen aus, auch »Beichtmütter« könne es »selbstverständlich nicht geben«, meinte gar der lutherischer Pastor einer norddeutschen Dorfkirche. Schließlich habe Christus »die Vollmacht des kirchlichen Handelns in die Hände von Aposteln gelegt und nicht von ›Apostelinnen‹.«

Rückendeckung bekommen diese Patriarchen nicht nur vom rechten Rand des Fundamentalismus. Selbst Rolf Hille, als Vorsitzender der Deutschen Evangelischen Allianz einer der prominentesten Evangelikalen, sprach sich öffentlich mit vermeintlich biblischen Gründen gegen die Gleichstellung der Frau in der Kirche und in der Gesellschaft aus. Aus neutestamentlicher Sicht, vertraute Hille dem »Deutschen Allgemeinen Sonntagsblatt« an, sollten Frauen »in der Gemeinde nicht die letzte Lehrentscheidung treffen. Das gilt auch heute.« Auch im Privatleben sollten sich die Frauen ihren Männern unterordnen - das sei »von der Schöpfungsordnung her begründet«, meint Hille. Der Theologe Thomas Schirrmacher wählt harschere Worte: »Ich scheu mich nicht, zu bekräftigen, daß der Mann ›Besitzer der Frau‹ ist, wie es das Alte Testament oft formuliert«, bekennt er in der Zeitschrift »Fundamentum«.

Zu eskalieren drohte der Streit um Gleichstellung der Frau bei der Wahl der ersten deutschen Bischöfin Maria Jepsen im Frühjahr 1992. Etliche Fundamentalisten liefen Sturm und stellten die biblischen Aussagen gegen eine kirchenverfassungsgemäße Bischofswahl. »Sowohl die Schöpfungs- als auch die Heilsordnung schließen unmißverständlich die Berufung der Frau in ein Pfarr- oder gar Bischofsamt aus«, erklärte der Bremer Theologe Georg Huntemann und rief »alle der Bibel und dem reformatorischen Bekenntnis verpflichteten Pastoren und Christen« zum Widerstand auf. Das Ziel: die Absetzung der

Bischöfin. Ansonsten drohe eine Kirchenspaltung. Denn die Wahl Jepsens sei »der triumphale Abschluß eines Irrwegs der Häresie, der sich seit den 60er Jahren mit der Einführung der Ordination der Frau zum Amt der Wortverkündigung und Sakramentsverwaltung, also zur ›Pastorin‹, fast widerstandslos aufgetan hatte.«

Der Kirchenkampf war gefundenes Fressen für den »Stern«, der den Hardliner Huntemann interviewte. Dessen Antworten enttäuschten die Zeitschrift nicht. Jepsen habe sich »mit ihrer Wahl gegen die Heilige Schrift erhoben. Pastorinnen und erst recht Bischöfinnen sind in der evangelischen Kirche und überhaupt im Christentum undenkbar.« Was die Frauen denn tun dürften? Ihre »ganze frauliche Potenz der mütterlichen Zuwendung« könnten sie in das diakonische Amt einbringen. Huntemann blieb nicht bei der Kirche. »Wenn Sie es ganz genau wissen wollen«, legte er nach, »die Unterordnung der Frau unter den Mann ist eine Ordnung, die der Allmächtige, gelobt sei sein Name, für die Schöpfung vorgesehen hat.«

Jens Motschmann, Pastor an der früheren Wirkungsstätte Huntemanns, der Bremer Martini-Kirche, fand ebenfalls deutliche Worte. »Wir sehen einen Notstand heraufziehen, der demjenigen ähnlich ist, der einst zur Gründung des Pfarrernotbundes gegen die Herrschaft der Nationalsozialisten geführt hat.«

Der Streit um die Bischöfin rüttelte an den Grundfesten – nicht der Kirche, sondern an denen der fundamentalistischen Gruppen. Einige konservative Evangelikale versuchten zu schlichten, und Kirchenverantwortliche schalteten sich ein. »Wer in unserer Kirche in den Dienst der Verkündigung berufen ist, hat nicht das Recht, die Frauenordination in Frage zu stellen«, mahnte der Hannoversche Landesbischof Horst Hirschler, in dessen geistlichem Hoheitsgebiet, dem Geistlichen Rüstzentrum Krelingen, sich der Widerstand formierte. Laut Hirschler dürfe es bei der Frage der Frauenordination »um der Heilsgewißheit willen keinen Diskussionsspielraum geben«. Der Lüneburger Landessuperintendent Hans-Christian Drömann begab sich direkt nach Krelingen und las den Fundamentalisten die Leviten: Der Dienst eines Pastors sei nicht an das Geschlecht gebunden, meinte Drömann. »Hier Frauen auszugrenzen würde zu einem nicht-evangelischen Verständnis des Bischofs- und Predigtamtes führen«. Augenscheinlich zollten die Geistlichen den Ratschlägen ihrer Hirten wenig Respekt. Denn noch immer sind Hirschler und Drömann mit dem Problem konfrontiert, daß Pastoren die Ordination ihrer Amtsschwestern nicht anerkennen.

Geradezu harmlos macht sich neben der Fundamentalkritik die Argumentation des idea-Star-Kommentators Uwe Siemon-Netto aus. Die Wahl von Maria Jepsen sei eine »unverzeihliche Gotteslästerung – und zwar nicht, weil es sich hier um eine Frau handelt, sondern weil sie und ihre Wähler sich von einem falschen Geist leiten ließen.« Siemon-Netto stellt die Bischöfinnen-Wahl durch die Synode der Nordelbischen evangelisch-lutherischen Kirche in eine Reihe mit der Anpassung der Kirche an den Nationalsozialismus und an den Sozialismus.

Die patriarchalische Männer-Sichtweise ist so wirksam, daß sogar Frauen aus dem fundamentalistischen Lager sie übernehmen. »Ich glaube, Gott liebt die Frauen besonders. Deshalb hat er sie noch ein wenig schöner geschaffen als die Männer«, kokettiert die gläubige Gynäkologin Gabriele Wloka. »Die Frau ist durch ihre Fruchtbarkeit, durch die Fähigkeit zu empfangen, zu gebären, zu versorgen in besonderer Unmittelbarkeit Braut und Mitschöpferin. Sie ist selbst Altar. Dies sind Bevorzugungen und Tiefen, die den Männern vorenthalten sind. Lassen wir ihnen daher gern die Verantwortung in der Kirche, am Altar, aber auch im Haus. Wir brauchen uns gar nicht in diese schwierigen Positionen zu drängen.«

Literatur

Karlheinz Deschner: Das Kreuz mit der Kirche. Eine Sexualgeschichte des Christentums, Frankfurt/Main 1998

Helmut Gollwitzer: Das hohe Lied der Liebe, München 1978

Walter Nitsche: Erfüllende Sexualität, Berneck (CH) 1995

Martin Steinhäuser: Homosexualität als Schöpfungserfahrung, Stuttgart 1998

Dorothee Sölle: lieben und arbeiten. Eine Theologie der Schöpfung, Stuttgart 1985

Gabriele Wloka: Warum ich keine Anti-Baby-Pille verschreibe, Bremen 1994

Ed Young: Reiner Sex, Aßlar 1999

»Die Juden hatten selber schuld«:

Juden als Missionsobjekte

Nicht du trägst die Wurzel,
sondern die Wurzel trägt dich.
Römer 11,8

»Christen, die ihren Glauben auch leben wollen, lieben Israel und die Juden.« Pastor Wilfried Reuter, Leiter des »Geistlichen Rüstzentrums Krelingen«, spricht mit diesem Satz allen Christen aus dem Herzen. In seiner Haus-Zeitschrift »Erweckliche Stimme« füllt er regelmäßig die Kolumne »Übrigens ...«. Im Sommer 1998 hatte er sich das Thema Judenmission dafür auserkoren. Seine scharfe Zunge sind die Leser gewohnt. Diesmal jedoch verlor der Pastor, einer der angesehensten Theologen des fundamentalistischen Spektrums, das Empfinden für die Grenzen. Denn die »Liebe« von Christen gegenüber Israel ließ er nicht als Liebe stehen, sondern schränkte sie ein. »Es geht um das göttliche Gebot der Menschenliebe, wenn die christliche Gemeinde sich verpflichtet weiß, das Evangelium auch den Juden zu bringen.« Und als ob er seiner Aussage noch eine Art göttlichen Segen mitgeben wollte, fügte Reuter hinzu: »Dies gilt trotz der Eiertänze mancher Kirchen in dieser Frage.«

Eiertänze? Damit kann Pfarrer Reuter nur jene Kirchen wie etwa die Rheinische Landeskirche meinen, die die Mission von Juden aus guten theologischen Gründen ablehnt. Sie berufen sich dabei nicht nur auf die Bibel, sondern auch auf die geschichtliche Erfahrung von Auschwitz. Zum großen Teil waren es Christen, die die Synagogen brennen ließen und die schließlich den Massenmord an fast sechs Millionen nicht nur zugelassen, sondern mit inszeniert haben. Der christliche Antijudaismus war eine der Zutaten, aus dem die Nationalsozialisten ihre irrationale Judenfeindschaft brauen konnten. Die Juden seien schuld an Jesu Tod am Kreuz gewesen. Mit Pauschalierungen dieser Art erklärte der größte Teil der Kirche die Juden zum christenfeindlichen Volk.

Gute Gründe gab es also für den württembergischen Landesrabbiner Joel Berger für seine These, die christliche Judenmission sei »die Fortsetzung des Holocaust mit anderen Mitteln«. Daß evangelikale Organisationen wie der »Evangeliumsdienst für Israel« und das

Missionswerk »Licht im Osten« jüdische Einwanderer zum Christentum bekehren wollen, bezeichnete Rabbi Berger als »Seelenmord«. Christlich-fundamentalistischen Ohren mußte das wie eine intellektuelle Ohrfeige vorkommen. Denn daß Juden genauso wie die Angehörigen anderer Religionen und wie Atheisten missioniert werden müssen, ist für sie unwiderruflicher Auftrag Gottes.

»Will da jemand ein Ghetto für die Juden einrichten?«

Der Krelinger Pastor Wilfried Reuter schiebt die Verantwortung für die Judenmission auf zwei göttliche Gebote. Zum einen würde die von Gott geforderte Menschenliebe Christen dazu treiben, Juden den wahren - nämlich christlichen - Glauben zu bringen. Zum anderen gelte der Missionsbefehl auch für die Juden: »Wenn Jesus seinen Leuten aufträgt, allen Völkern das Evangelium zu bringen, dann sind ja wohl auch, vermutlich sogar zuerst, die Juden gemeint«, schreibt Reuter, und fragt anschließend: »Oder will da jemand ein Ghetto einrichten?« Selbst wer über eine schnelle Auffassungsgabe verfügt, muß diesen Satz durchdenken. Christen würden Juden demnach in ein Ghetto sperren, würden sie ihnen Jesus vorenthalten. Reuter dreht den Satz Rabbiner Bergers um: Juden das Evangelium vorzuenthalten, wäre die Fortführung des Holocaust mit anderen Mitteln. Als Beleg dafür führt Reuter einen »messianischen Juden« an, also einen Juden, der Jesus als Messias »angenommen« hat, der erklärte: »Der schlimmste Antisemitismus ist der, uns Jesus vorzuenthalten.«

Wer anders denke und die Judenmission verneine, dem unterstellt Reuter »blinde Liebe«, die aus einem »Schuldempfinden« erwachsen sei. Seinem jüdischen Amtsbruder Berger wirft Pastor Reuter vor, er baue auf einen »Opfer-Bonus«; seine Aussage sei eine »Abstrusität«. Man müsse den »Schuld-Maulkorb in Sachen Israel und den Juden ablegen, um normal, menschlich und christlich miteinander umzugehen«, meint Reuter. Auch diese Forderung lohnt sich weiterzudenken: Unnormal, unmenschlich und unchristlich ist es danach, Juden nicht missionieren zu wollen.

Reuter legte mit dieser Kolumne ein Bravourstück fundamentalistischer Rhetorik vor; in ihrer theologischen und gesellschaftlichen Naivität, ihrer geschichtlichen Blindheit und siegesgewisser Brillanz ist sie kaum zu überbieten. Ihr Inhalt jedoch ist Standard innerhalb evangelikaler und charismatischer Kreise. Die Kurzformel: Judenfeindschaft ist natürlich abzulehnen. Aber: Nur ein Jude, der in Christus den Messias erkannt hat, ist ein guter Jude. Schließlich sei die christliche Verkündigung unter Juden lediglich ein »Befolgen des Willens des wohl berühmtesten Juden der Weltgeschichte«: Jesus Christus, argumentiert der Vorsitzende des Missionsbundes »Licht im Osten«.

Juden vor der Hölle retten

Wer sich einmal in die Argumentationsketten fundamentalistischer Judenmissions-Verfechter begibt, kommt aus dem Staunen schwer heraus. Viele von ihnen trafen sich im Sommer 1998 auf einer »Israelkonferenz« im Westerwald. Zu den Referenten gehörte der »messianische Jude« David tel Tzur aus Jerusalem. Sein Rat für den Staat Israel: Er solle weder auf Land verzichten noch über den Status seiner Hauptstadt Jerusalem verhandeln. »Ein solcher Lügenfrieden ist der sicherste Weg zu einem neuen Holocaust«, meinte Tzur. Assistiert von der internationalen Staatengemeinschaft, würde der von den Arabern angestrebte Friede schließlich zur Vernichtung Israels führen. Das Wort »Shalom« (»Friede«) sei für viele Israelis inzwischen zum »Götzen« geworden.

Nicht nur die Bibel, sondern das Grundgesetz bemühte der stellvertretende Vorsitzende der »Evangelischen Sammlung in Württemberg« bei seiner Legitimation der Judenmission. Der ruheständige Dekan Rolf Walker warf die Frage auf, ob jüdische Gruppen, die die Judenmission in Deutschland unterbinden wollen, gegen das Grundgesetz der Bundesrepublik Deutschland verstoßen würden. Denn da das Grundgesetz schließlich allen Bürgern Religionsfreiheit zusichere, dürften die bürgerlichen Grundrechte auch von Juden nicht eingeschränkt werden. Pastoren, die Juden von der Mission ausklammern, verstoßen Walker zufolge gegen ihr Ordinationsgelübde. Denn darin versprechen sie, die christliche Botschaft aller Welt zu verkündigen – »auch der jüdischen«.

Übertroffen wird diese Argumentation von Jochen Müller, einem Pastor der Bremischen Evangelischen Landeskirche. »Wenn wir den Messias nicht verkündigen«, meint Müller im Interview mit der Bremer Kirchenzeitung, »dann gehen die Juden in die Hölle, das heißt, sie sind verloren! ... Wir möchten nicht, daß Juden in die Hölle kommen, sondern sie sollen in den Himmel kommen. Das sind wir ihnen schuldig.«

Pastor Müller ist keineswegs ein hanseatischer Ausnahmefall. Selbst Rolf Hille, Vorsitzender der Evangelischen Allianz, scheint derselben Ansicht zu sein. »Fahren Juden, die nicht an Jesus glauben, zur Hölle?« fragte ihn das »Deutsche Allgemeine Sonntagsblatt«. Hilles Antwort klingt moderat, ist aber schwer anders als ein Ja zu interpretieren: »Zuerst ist zu fragen, inwiefern Juden in ihrem Leben Jesus ernsthaft begegnet sind. Das zu entscheiden ist Gottes Sache. Aber der doppelte Ausgang des Gerichts ist eine Grundüberzeugung des christlichen Glaubens, der sich in den wichtigen Glaubensdokumenten aller Kirchen findet.« Hille legt nichts anderes als eine Grundposition der Evangelischen Allianz aus, nach der am Jüngsten Tag jene, die in ihrem Leben an Jesus geglaubt haben, das ewige Leben erhalten – den Ungläubigen jedoch droht das ewige Gericht.

Der Holocaust als Schachzug Gottes

Juden vor der Hölle zu retten ist nur eine Antriebsfeder der Judenmission. Die andere hat mit der Wiederkunft Jesu zu tun. Verkürzt gesagt: Je mehr Juden zu Christus bekehrt werden, desto näher rückt der Tag, an dem Jesus wieder zur Erde kommt. Was in vielen fundamentalistischen Kreisen gang und gäbe ist, drückt ein Prediger aus dem pfingstlerischen Umfeld am deutlichsten aus: Ewald Frank ist Prediger der »Freien Volksmission Krefeld«. Ostern 1998 hielt er in der amerikanischen Kirche zu Berlin einen Vortrag über die Endzeit und Israels Rolle dabei. Im aktuellen Schicksal Israels erkennt er besonderes deutlich die nahe Wiederkunft Christi.

»Herr, das ist unmöglich, das kann nicht sein«: Dieses Stoßgebet habe er ausgesprochen, als er Mitte der fünfziger Jahre vom Holocaust erfuhr. Warum das passieren konnte, fragte er sein Publikum – und gab sofort selbst die Antwort: »Weil das Volk Gottes – das Volk Gottes, nicht die Heiden! –, das Volk Gottes den Herrn und Erlöser nicht auf- und angenommen, sondern ihn verspottet, ihn wirklich angespien, geschlagen, mit Dornen gekrönt und dann gesargt, zugedeckt, Haupt verhüllt: ›Du bist ein Prophet. Weissage uns wer es ist der dich geschlagen hat.‹ Das alles taten sie mit dem Herrn.« In holprigem Deutsch, aber mit großer Leidenschaft vertritt Frank damit die antijudaistische Jesus-Mord-Theorie, die bereits in Nazi-Zeiten den Judenhaß schürte. Der Holocaust wird so zum Schachzug im vermeintlichen göttlichen Heilsplan. Die Täter – in der Mehrheit Christen – werden von ihrer Täterschaft befreit, die Gaskammern werden zum Vollzugsort göttlicher Strafe. In der Konsequenz kann diese Theorie die Nazis als Henker im Auftrag Gottes bezeichnen: als Gottes Gehilfen im unabänderlichen Heilsgeschehen.

Heute ist die Situation Frank zufolge völlig anders. Die Juden spielen eine neue Rolle im göttlichen Plan. »Aus 143 Ländern sind die Juden in das Land der Verheißung zurückgekehrt«, freut sich der Missionar, »denn Gott verhandelt mit den Juden nur im verheißenen Land.« Trotzdem ist Israel, das Volk Gottes, noch nicht in Sicherheit. Neues Leid muß es überstehen: Diesmal heißen die Angreifer Gog und Magog, biblische Namen für jene Reiche, die im Endkampf gegen Israel ziehen. »Die Sicherheit kommt erst, nachdem der Herr mit allen Völkern, die gegen Jerusalem zu Felde gezogen sind ... abrechnet.« Aus der Weltpolitik liest der Missionar die Erfüllung der Schrift heraus. Diese Mächte sind Franks Meinung nach der Irak und Rußland. »Mister Russe« würde den Irak mit chemischen Waffen ausrüsten »für den Tag X« – »wie hier geschrieben steht in Offenbarung, daß dieses Riesenheer, wie es noch nie auf dem Erdboden war, so wird es dann sein. Und ich wundere mich gar nicht, daß dann die Toten sieben Jahre lang beerdigt werden müssen und die Waffen verheizt werden müssen wie auch im Propheten Hesekiel geschrieben steht ... Also der Tag der göttlichen Abrechnung kommt. Und was geschrieben steht wird Erfüllung finden. Irret euch nicht. Gott läßt sich nicht spotten.«

Viele fundamentalistische Christen glauben, daß die letzte Schlacht auf einem Berg stattfinden wird, den Johannes in seiner Offenbarung »Harmageddon« nennt. Um diesen in fundamentalistischer Lesart unausweichlichen Kampf möglichst schnell herbeizuführen, bauen viele auf die Konfrontationspolitik des israelischen Premiers Benjamin Netanjahu. Einige bezeichnen dessen Wahl sogar als »göttliches Wunder« und sehen in dem Politiker einen Nachfolger der großen Könige David und Salomo. Im Internet vertreten diese Fundamentalisten offen ihre Hoffnung auf die letzte Schlacht um Gottes Reich. Das Drehbuch: Israel baut umstrittene Siedlungen im palästinensischen Gebiet. Als Folge greift die syrisch-iranisch-irakische Koalition Israel an. Der jüdische Staat vernichtet den Feind mit Atomwaffen. Nach diesem Gemetzel wird der wiederkommende Christus seine Weltherrschaft errichten können.

Eine Botschaft ohne Nation

Zwar wird man der israelischen Regierung kaum die Absichten eines großen Krieges unterstellen können. Dennoch genießen konservative Politiker Israels die Unterstützung durch evangelikale Christen. Deren Brückenkopf in Israel ist die »Internationale Christliche Botschaft Jerusalem« (ICEJ). Als im Juli 1980 das israelische Parlament Jerusalem zur Hauptstadt erklärte, öffneten viele Staaten ihre diplomatischen Vertretungen absichtlich in Tel Aviv. Kurz darauf öffnete die »ICEJ« ihre Türen in Jerusalem. Fundamentalistische Christen aus vielen Ländern bekundeten öffentlich: »Israel – Du bist nicht allein. Wir beten für Dich und arbeiten Seite an Seite mit Dir!« Die ICEJ geht davon aus, »daß die Wiedererstehung des jüdischen Staates auf die bevorstehende Errichtung des messianischen Reiches durch den von Juden und Christen erwarteten Messias hindeutet«. Für die israelische Regierung ist die von offiziellen Kirchen unabhängige »Christliche Botschaft« eine wichtige Unterstützung. Nicht nur wegen ihrer finanziellen Hilfe bei einzelnen sozialen Projekten, sondern auch wegen der ideologischen Rückendeckung.

Bei Kongressen der ICEJ traten alle Ministerpräsidenten auf, von Menachem Begin bis Benjamin Netanjahu. Sie finden hier unkritischen Rückhalt. »Die vornehme, kritische und mitunter feindselige Distanziertheit der meisten orthodoxen, katholischen und protestantischen Kirchen gegenüber Israel und seiner Politik hat dazu verholfen, daß die ›Christliche Botschaft‹ die der israelischen Regierung nahestehendste christliche Organisation wurde«, schreibt Professor Jakob Ariel in einer Studie des David-Institutes für internationale Beziehungen. Die Verbindung zwischen Regierung und »Botschaft« nennt Ariel eine »Zweckehe«. Daß diese durchaus von Leidenschaft beseelt ist, zeigt der Auftritt Netanjahus auf der Feier des Laubhüttenfestes, die in jedem Jahr von der Jerusalemer ICEJ veranstaltet wird. »Wenn alles schwarz und traurig aussieht, erinnere ich mich an die Unterstützung eurer Gruppe«, bekannte der Premierminister vor der mit christlichen »Israel-Freunden« vollbesetzten Kongreßhalle. Begeisterter Applaus brandte auf, als Netanjahu an die Unterstützung seitens der »Botschaft« erinnerte – auch »wenn sich die ganze Welt irrt« in ihrer Kritik an der israelischen Politik.

Auf den ersten Blick unverständlich ist, weshalb die fundamentalistischen Christen Netanjahu quasi als »Gottgesandten« sehen, obwohl er kein »messianischer Jude« ist, der Christus als Messias anerkennt. Der evangelikale Buchautor Raymond Bennet erklärte es im Gespräch mit der israelischen Tageszeitung »Ha Aretz«: »Bibi (das ist der Spitzname von Netanjahu) ist kein Christ und er glaubt nicht an Jesus, aber er versteht gut, was geschehen wird. Er weiß, daß in diesem Krieg (gemeint ist die prophezeite Endschlacht) Millionen von Menschen sterben werden ... er hat den Friedensprozeß gestoppt, er hütet sich aber vor einer direkten Konfrontation mit den Arabern. Er versucht, Zeit zu gewinnen, um die Bereitschaft der israelischen Armee zum großen Krieg zu verstärken. Unter moralischem Aspekt ist dieser Mann, der seine Frau viele Male betrogen hat, ein Straßenköter. Auch als Ministerpräsident ist er nicht vollkommen und macht viele Fehler. Aber ich glaube aus tiefstem Herzen, daß er in die Geschichte eingehen wird als einer der bedeutendsten Führer, die hier je vorgekommen sind.«

Netanjahu, Mann Gottes

Auch in Deutschland hat die »Botschaft« eine große Unterstützer-Lobby. Mit einer eigenen Zeitschrift (»Ein Wort aus Jerusalem«) will der »Deutsche Zweig« potentielle Spender vom Anliegen der »Botschaft« überzeugen. Deren deutscher Leiter Christian Stephan steht in seiner Ehrerbietung Netanjahu gegenüber den Jerusalemer »Botschaftern« in nichts nach: »Der lebendige Gott, ... ER, der Gott Abrahams, Isaaks und Jakobs«, habe Netanjahu »in das hohe Staatsamt gerufen«, »ein Wunder Gottes«. Netanjahus Politik lobt Stephan als »klar proisraelisch«. Unverständnis zeigt Stephan darüber, daß Netanjahu »von aller Welt so stark angefeindet (werde), ja, leider auch von vielen seiner eigenen Landsleute, weil er die Courage und die Energie aufbringt, den moslemischen Wünschen der Landaufgabe zu widerstehen«. Wie der Krelinger Pastor Wilfried Reuter und der Krefelder Missionar Ewald Frank zeigt sich auch Stephan entweder naiv oder rhetorisch perfekt. Denn was gesagt wird, klingt keineswegs verwerflich; die wahre Gesinnung kommt jedoch erst zum Vorschein, wenn man das Geschriebene weiterdenkt. In diesem Fall bedeutet es: Israel sollte keine Demokratie sein, sondern wird von einem Gottes-Knecht gelenkt; jede Politik, die sich offen zum Friedensprozeß mit den Palästinensern bekennt, ist demnach israelfeindlich; selbst diejenigen Kräfte innerhalb des jüdischen Volkes, die Netanjahus Konfrontationskurs kritisieren, sind demnach Israel-Feinde und können Gottes Wirken nicht für sich in Anspruch nehmen.

Ähnlich selbstbewußt urteilen andere Kreise, die sich aus christlich-fundamentalistischer Sicht als »Israel-Freunde« bezeichnen.

Zum Beispiel die »Arbeitsgemeinschaft Christen für Israel«, ein der »Evangelischen Allianz« nahestehendes Werk. »Noch ist der Staat Israel kein Gottesstaat, sondern eine demokratische Republik«, schreibt deren Vorsitzender Fritz May in einer Selbstdarstellung, »vieles an ihm ist unvollkommen und kritikwürdig.« Demokratie und Gottgewolltheit schließen sich auch hier gegenseitig aus. »Helfen Sie uns, Israel Gutes zu tun«, erbittet das Werk Spenden, und verheißt siegesgewiß: »Gott wird Sie dafür aus Zion segnen!«

Die Spenden kamen seit 1980 zum Großteil messianischen Juden zugute. Damit folgt CFI seinem Grundsatz: »den Juden Jesus Christus als ihren Messias zu bezeugen.«

Literatur

Manfred Görig: In Abrahams Schoß. Christsein ohne Neues Testament, Düsseldorf 1993

Ben Hoekendijk: So fanden wir den Messias, Neuhausen 1995

Pinchas Lapide: Heil von den Juden?, Mainz 1983

Friedrich-Wilhelm Marquardt: Das christliche Bekenntnis zu Jesus, dem Juden. Eine Christologie, 2 Bde, Gütersloh 1990ff.

Meinrard Scherer-Emunds: Die letzte Schlacht um Gottes Reich. Politische Heilsstrategien amerikanischer Fundamentalisten, Münster 1989

Paß auf, kleine Hand, was du tust:

Am Ende kommt der Antichrist

Darum wachet!
Denn ihr wißt weder Tag noch Stunde.
Matthäus 25,13

»Paß auf, kleine Hand, was du tust, denn der Herrgott im Himmel schaut herab auf dich. Drum paß auf, kleine Hand, was du tust.« Früher wurde dieses Kinderlied häufig in evangelischen Gottesdiensten gesungen, vor allem in sehr frommen Gemeinden, auch in Freikirchen. Das Lied beschreibt Gott als einen Beobachter, der von hoher Warte aus zusieht, ob sich Kinder so verhalten, wie er es will. Diese Vorstellung ist durchaus verbreitet unter Christen – vor allem bei denen, die sich »zu Gott bekehrt haben«, wie es im Insiderjargon der christlich-erwecklichen Szene heißt.

Vielleicht mußte auch der Krefelder Prediger Ewald Frank dieses Lied früher singen. Denn heute verkündigt der Missionar denselben Inhalt – nur in anderer Form: »Wer die Gnade Gottes und das Wirken Gottes in gnädiger Weise ablehnt, das er gemäß seinem verheißenen Wort tut, hat Gericht verdient.« Ewald Franks Stimme klingt mal einhämmernd, mal kindlich-naiv. Er sprach am Ostersonntag 1998 in Berlin – neben Nürnberg, Böblingen, Salzburg und Zürich einer der Orte, in denen die »Freie Volksmission Krefeld« versucht, Menschen zum Glauben zu erwecken. »Das aktuelle Zeitgeschehen im Licht biblischer Prophetie besonders mit Israel«: so war der Vortrag in Berlin etwas holprig überschrieben. In Einladungs-Anzeigen wurde die Beantwortung einer brisanten Frage in Aussicht gestellt: »Stehen wir vor dem größten Ereignis – vor einer Wende in der Menschheitsgeschichte beim Übergang in das nächste Jahrtausend?« Missionar Ewald Frank beantwortete die Frage mit bemerkenswerter Eindeutigkeit. »Wir stehen nicht nur vor dem Übergang in ein nächstes Jahrtausend. Ich garantiere Ihnen: Wir stehen vor dem Übergang, vor einer Wende in der Menschheitsgeschichte. Wir sind ganz nahe vor der Wiederkunft Jesu Christi unseres Herrn. Gott ist jetzt dabei, mit seinem Volk zu sprechen. Er ist jetzt dabei, uns die Augen zu öffnen. Denn unser Herr sagte, es werden Kriege und Kriegsgeschrei, Erdbeben und Hungersnöte ... – alles wird kommen.« Und als ob er in die Köpfe seines Publikums blicken könnte, setzte Frank nach: »Grübelt doch nicht darüber nach. Glaubt es doch einfach. Nehmt es an. Es kommt von Gott. Und was von Gott kommt, kann doch kein Mensch erklären.«

Die Zuhörerinnen und Zuhörer des Missionars hingen an dessen Lippen. Immer wieder riefen sie »Amen« und »Halleluja«. Kritikern in den Bankreihen der gastgebenden amerikanischen Kirche erteilte der Prediger unter Hinweis auf seine gottgemäße Lehre von vornherein eine harsche Abfuhr.

Das für manche Ohren gewöhnungsbedürftige geistliche Selbstvertrauen des modernen Missionars, seine apokalyptischen Befürchtungen und Voraussagen sind nicht neu. Ewald Franks Anhängerschaft mag die Ausführungen für originell halten, für bislang einmalig und mit der allergrößten geistlichen Vollmacht ausgestattet. Doch ist Ewald Frank nur die aktuelle Variante einer jahrtausendelangen Tradition von Endzeit-Verkündern.

Die ersten Christen und die Endzeit

In allen Epochen der Kirchengeschichte hat es Menschen gegeben, die mit großer Gewißheit die letzten Tage der Erde herbeikommen sahen. Wer die Mischung aus fast entrückter Freude und ängstlicher Endzeit-Hysterie auf den Gesichtern des Publikums im Jahre 1998 sieht, mag sich in frühere Zeiten zurückgesetzt fühlen. Denn ähnlich haben wahrscheinlich schon die Christen vor fast 2000 Jahren den apokalyptischen Schilderungen des Sehers Johannes gelauscht.

Sie waren zutiefst verunsichert. Mit Recht. Hatten die Jünger nicht immer behauptet, Jesus werde noch zu ihren Lebzeiten wiederkehren? Die Himmelfahrt Jesu sollte kein Abschied auf unbestimmte Zeit sein. Die ersten Christen erwarteten ihren Herrn noch vor dem eigenen Tod zurück.

Doch wider Erwarten trat das nicht ein. Christen starben, bevor Jesus wiederkehrte.

Der Glaube wuchs, die Christenheit auch. Doch die Enttäuschung, daß Jesus nicht so schnell wie erwartet wieder zu seinen Gläubigen kommen würde, saß tief. Sie mußte überwunden werden. Viele Christen machten sich Gedanken darüber, wie das wäre, wenn Jesus wiederkehrt. Die Toten: würden sie dann aus ihren Gräbern steigen, würden sie auferstehen und an Jesu Seite sitzen? Würden nur die Guten dann bei ihm sein, diejenigen, die ein gottgefälliges Leben geführt haben? Und was geschieht mit den anderen, mit denen, die Gottes Willen nicht getan haben? Der Gedanke an diese himmlische Selektion hatte zwei Folgen: Angst. Und den Antrieb, nach Gottes Geboten zu leben.

Auf dem Höhepunkt solcher Vorstellungen, am Ende des 1. Jahrhunderts, schrieb der Seher Johannes seine Sicht der Dinge auf. Sie findet sich am Ende des Neuen Testaments. Offenbarung oder Apokalypse ist sie betitelt. In beeindruckenden, an Dramatik kaum zu überbietenden Bildern schildert Johannes die Geschehnisse am Ende der Zeiten. Furchterregende Gestalten, Kriege, Nöte, Kriegsheere, Blut und Geschrei – und mittendrin Jesus, der alle errettet, die an ihn glauben. Ein tausendjähriges Reich bricht heran, in dem ein Elend dem anderen folgt. Christen sind diesen Katastrophen entrückt. Mit ihnen baut Jesus später ein Reich auf, in dem Gott alle Tränen abwischen wird und weder Geschrei noch Jammer sein werden. Das Paradies auf Erden.

Wer ist die »Hure Babylons?«

Zu allen Zeiten hat Johannes' Apokalypse Christen den Bann gezogen. Die Bilder, die Johannes benutzte, machten es späteren Lesern leicht, die eigene Lebenswirklichkeit hineinzudeuten. Grausliche drachenartige Tiere, die aus dem Abgrund emporsteigen: sind das Kaiser, Nationen, Regierungen? Die sieben Posaunen, die Katastrophen ankündigen: wie sind sie zu hören? Die Hure Babylons: ist damit die Kirche gemeint? Welche Kirche?

Im Mittelalter trieb die apokalyptische Frömmigkeit ihrem Höhepunkt entgegen. Die Angst vor der Endzeit wurde bestimmend für das Glaubensleben jedes einzelnen. Bettelorden gründeten sich in dem Bewußtsein, zum standhaften und auserwählten Rest der Christenheit zu gehören. Kreuzzüge zielten darauf, Jerusalem zu besetzen: den Nabel der Welt, an dem der Endkampf zwischen Gut und Böse, zwischen Gott und Teufel stattfinden würde. Schwärmerische Bewegungen verkündeten die Lehre von der nahen Endzeit in mitreißenden Predigten. Der Mönch Adso von Montier schrieb in einem Traktat die Vorstellungen auf. Drei Aspekte dieser apokalyptischen Sicht haben sich bis heute durchgehalten und faszinieren noch immer Menschen: zum einen die Rolle Israels am Ende der Zeiten; dann der Anti-Christ, der wie ein Wolf im Schafspelz daherkommt und das Böse will; und schließlich die Vorstellung, daß nur eine kleine Schar die Schrecken der Endzeit überstehen wird: die nämlich, die sich gottgemäß verhalten.

Seit der Reformation drängte die Kirche das apokalyptische Denken immer weiter aus ihren Reihen und ihrer Theologie heraus. Statt das Jüngste Gericht als geschichtliches Ereignis zu sehen, wurde es verinnerlicht. Der einzelne geriet mehr in den Blick. Seine Sünden, Verfehlungen, seine Glaubensstärke wurden zu individuellen Tugenden, die jeder einzelne vor Gott verantworten mußte. Die allumfassende Gnade Gottes bekam stärkeres Gewicht als die zornige Vorstellung eines richtenden Gottes, der am Ende aller Tage mit seinen Gläubigen nach Aschenputtel-Manier abrechnet: die guten ins Töpfchen, die schlechten ins Kröpfchen. Himmel und Hölle gerieten zu Metaphern. Bis heute.

Apokalyptische Rufer gab es aber weiterhin. Am Rande der Kirchen mahnten sie immer wieder zur Wachsamkeit angesichts des nahen Weltendes. Trotz - oder gerade wegen? - drastischer Schilderungen der Endzeitschrecken fanden sie immer wieder Anhänger. Das apokalyptische Schema gab ihnen genug Stoff dafür. Seuchen, Erdbeben, Hungerperioden: Immer wieder mußten diese Nöte herhalten als Beweise für das nahe Ende. Im Mittelalter war es die Pest - in heutiger Zeit ist Aids das in der Johannesoffenbarung vorhergesagte Zeichen der Endzeit. Die »Hure Babylons«: Einst wurde die katholische Kirche so beschimpft und der Papst als Antichrist gebrandmarkt - heute sehen viele Apokalyptiker den Ökumenischen Weltrat der Kirchen als endzeitliche »Hure Babylons«, »mit der die Könige auf Erden Hurerei betrieben haben«.

Was Aids mit Sodom und Gomorrha zu tun hat

»Die große Hure ist die abgefallene Kirche, die gelobt hatte, Jesu Eigentum zu sein und mit der Welt Ehebruch treibt. Wir können auch sagen: die Hure ist das Sinnbild der verweltlichten Religion. Sie verkörpert die ganze Untreue.« So sieht es Kurt Quadflieg, Autor des Buches »Sodom und Gomorrha heute - im Vorfeld der Apokalypse«. »Die Bühne für das letzte große apokalyptische Szenarium ist vorbereitet. Man spürt es überall, wie der Hauch der Hölle bereits über die Erde streift und diese Welt mit atemberaubendem Tempo ihrem Ende zugeht.« Mit diesen Worten wirbt der Klappentext des in einem »Missionsverlag« erschienenen Buches um Käufer. Sämtliche aus fundamentalistischer Sicht als Sünden gedeuteten gesellschaftlichen Entwicklungen prangert Quadflieg an. Sein Buch will »ein erschütterndes und aktuelles Sittenbild unserer Tage« sein – und ist (doch nur) ein Kompendium jenes biblisch verbrämten Moral-Meßstabes, der am fundamentalistischen Rand der Kirchen gilt.

Als Bilder für die Situation der Welt hat Quadflieg zwei biblische Geschichten gewählt, in denen Gott die Menschen wegen ihrer Sünden straft: der Sintflut entkamen nur der gottesfürchtige Noah und seine Familie; die Städte Sodom und Gomorrha zerschmetterte Gott und tötete die gesamte Bevölkerung.

Sintflut und Sodom seien Szenarien, die an die Schrecken der Endzeit erinnern, meint Quadflieg. Die Laster, die zu diesen göttlichen Gerichtshandlungen einst geführt haben, seien denen ähnlich, die die heutige Gesellschaft heimsuchen. Quadfliegs diffamierende Ansichten sind offensichtlich in seiner tiefen Betroffenheit über die »Mißstände« begründet:

Auch die Geistlichkeit habe in zunehmendem Maße Abschied vom Christentum genommen. Sie fördere »ökumenische Einheitsbestrebungen für eine antichristliche Weltreligion« und würde damit die Kirche in Gefahr bringen, »zu einer Institution Satans zu werden«. »Landessynoden votieren für Abtreibung, Bischöfin toleriert Homosexualität; Verbrüderung mit dem Islam; Tiergottesdienste; Yoga-Abende als ›Passionsandachten‹; Superintendent präsentiert sich bei Urlaubsseelsorge im ›Adamskostüm‹; Kirchenredakteur produziert Pornofilme für das Fernsehen; lesbische Frauen leiten EKD-Bildungsstätte.« »Totale Sex-Emanzipation« habe inzwischen »sämtliche Hemmschwellen überschritten«. »Alle möglichen Formen wilder Lustbarkeit und pervertierter Unterhaltungsspiele« würden praktiziert; Folge der »Sünde der Homosexualität« sei die »Geißel Gottes Aids«, der »Kinder-Holocaust« Abtreibung fordere jährlich 300.000 Opfer. Alles in allem: »Es gibt nicht eine Schlechtigkeit Sodoms, die heute nicht in jeder Stadt unseres Landes ausgeübt wird.« Der Unterschied: Zu jenen Zeiten hatten die Menschen noch nicht die Bibel. Die »Sodom-Zeichen« seien alle vorhanden, nun steht die Endzeit vor der Tür. Die Flut wird kommen, die Zerstörung der Sündenpfuhle auch. Was tun? »Die Arche Noah hatte nur eine Tür«, versucht Quadflieg Hoffnung zu machen: »Auch heute gibt es eine Tür zur Errettung, und diese Tür ist Jesus.«

Nicht als Sintflut, wohl aber als »Warnzeichen des Allmächtigen« bezeichnete die Evangelische Vereinigung für Bibel und Bekenntnis in Baden die Herbststürme und Hochwasser des Herbstes 1998. Der Grund dafür sei die Tatsache, daß sich die Welt »immer mehr vom wahren und lebendigen Gott abwendet.« Mit Beispielen versuchen die Bekenntnis-Christen diesen Zusammenhang zu belegen: Mehrere Regierungsmitglieder hätten sich geweigert, bei ihrer Vereidigung die religiöse Formel mitzusprechen. »Kaum hatte (Bundesumweltminister Jürgen) Trittin seinem Schöpfer den Laufpaß gegeben, heulten die Sirenen und lösten Katastrophenalarm aus.« Auch konstruierten sie einen Zusammenhang zwischen dem Auftritt des Star-Magiers David Copperfield in Baden-Baden und den dortigen sintflutartigen Überschwemmungen. Auch daß der Dalai Lama »trotz Wind und Wetter Tausende von Deutschen in der buddhistischen Lehre unterwies«, paßte in das apokalyptische Schrekkensbild der Evangelikalen.

Ein Zeichen der drohenden Sintflut ist für alle christlichen Fundamentalisten das politische Schicksal Israels und die Situation im Nahen und Mittleren Osten. Eine Schlüsselrolle nehmen auch andere Mächte ein, die ihrerseits die Prophezeiungen der Bibel erfüllen.

»Wenn der Zeitpunkt gekommen ist, dann handelt Gott«, ruft etwa der Krefelder Prediger Frank seinem Publikum selbstgewiß zu, und spricht von einen »Riesenheer« als Vorboten der Endzeit. »Ich muß euch dazu noch die Stelle lesen, die ebenfalls in Verbindung damit steht aus Offenbarung 16,12: ›Hierauf goß der sechste seine Schale auf den großen Strom Euphrat aus, da vertrocknete es im Wasser, damit den Königen vom Aufgang der Sonne der Weg bereitet und offen stände‹. Und dann lesen wir in Vers 14 b: Diese begeben sich zu den Königen des ganzen Erdkreises, um sie zum Kampf am großen Tage Gottes des Allmächtigen zu sammeln. Also der Tag der göttlichen Abrechnung kommt. Und was geschrieben steht, wird Erfüllung finden. Irret euch nicht. Gott läßt sich nicht spotten.«

»Ich war eine Ruferin in der Wüste!«

Daß der Irak und Israel eine entscheidende Bedeutung für den Anbruch der Endzeit haben – das hat auch S. geglaubt – früher.

Als Kind hat sie einen »eher konservativ geprägten Gottesdienst genossen«, erzählt die heute 29jährige. »Uns wurde der alttestamentliche Rächergott präsentiert – durch so entsetzliche Lieder wie: ›Paß auf, kleines Auge, was du siehst, paß auf, kleine Hand, was du tust, denn der Vater im Himmel schaut herab auf dich.‹ Und das ist natürlich nicht gerade dazu angetan, Gott Kindern als den liebenden Vater und als einen freundlichen Herrn nahezubringen.«

In die Kinderseele der S. hat sich dieses Lied tief eingeprägt. Es war nur die Spitze eines Berges von vorgefertigten Glaubenssätzen. In ihnen spielte auch die Endzeit eine große Rolle. »Ich bin in einem pietistischen Elternhaus aufgewachsen, und da hab ich natürlich viel vermittelt bekommen von Himmel und Hölle: daß es einen Gott gibt, daß es aber eben auch die andere Seite gibt. Und daß man ja mit Gott leben soll. Als ich so zwischen fünf und zehn Jahren alt war, hatte ich über einen langen Zeitpunkt hinweg apokalyptische Alpträume, aus denen ich schreiend und schweißnaß hervorgeschreckt bin. Irgendwo hatte ich wohl mal den Begriff Entrückung aufgeschnappt, und mein Verständnis von Entrückung war, daß Jesus die wegnimmt, die zu ihm gehören, um sie vor den letzten Zuckungen dieser alten Erdkugel zu bewahren, vor dem, was hier dann noch passieren wird. Die erste Sequenz meiner Alpträume war: Ich komme nach Hause. Meine Eltern sind nicht da, keiner ist da, alle sind entrückt worden, nur ich bin übrig geblieben, und das hieß also damals: ›Jesus hat mich eben nicht angenommen‹. Ich hab mich dann in diesen Träumen zwischen Himmel und Hölle gesehen, hab beide Mächte an mir zerren gefühlt und bin dann halt in einen Abgrund gefallen.«

Heute erinnert sich S. angstfrei an ihre abgrundtiefen Kinderträume. Der Freikirche, in der sie aufgewachsen ist, hat sie den Rücken zugekehrt. Heute ist sie Mitglied einer landeskirchlichen Gemeinde. Lange Zeit haben sie die Alpträume der Kindheit nicht verlassen. 1991, zu Zeiten des Golfkriegs, kamen sie wieder zum Vorschein.

»Ich hab Beklemmungen gekriegt, und ich hab gedacht: So, das war's jetzt, jetzt beginnt der dritte Weltkrieg – und damit die Wiederkunft Jesu.« S. fing an, die Offenbarung aufmerksamer als vorher zu lesen. Viele Passagen, mit denen sie vorher wenig anfangen konnte, wurden ihr auf dem Hintergrund des Krieges im Mittleren Osten völlig klar. Zum Beispiel Offenbarung 9,14: das große Tier, das aus der Gegend von Euphrat und Tigris kommt. »Da lag der Vergleich mit Saddam Hussein nahe. Und daß Israel eine besondere Rolle spielt in der Endzeit, ist schon in den Psalmen zu finden, wo es heißt: Israel muß zittern vor seinen Nachbarn.« Auch die von Jesus im Matthäusevangelium überlieferten Endzeitreden bekamen einen neuen Sinn. »Daß Erdbeben kommen und Kriege: diese Stellen habe ich dann noch viel aufmerksamer gelesen.« S's Fazit: Die Endzeit ist tatsächlich nah.

Besonders markant war die Rolle, die Israel im Irak-Konflikt gespielt hat. Im Alten Testament sagt Gott: »Wer Israel angreift, der greift meinen Augapfel an.« »Von daher war's mir doppelt suspekt, daß der Irak Israel mit chemischen Waffen bedroht hat, was wiederum einmal mehr die Amerikaner als selbsternannte Weltpolizisten auf den Plan gerufen hat. Das paßte einfach alles zu den Bibelstellen, die ich kannte und dann nochmal neu gelesen habe.«

Die ganze Clique habe sich hochgeschaukelt, erinnert sich S.. Meldungen über Kriege und Naturkatastrophen dienten als Belege für die nahe Endzeit. In den Nachrichten vernahmen sie das Ticken der Weltuhr. S. avanciert zur »selbsternannten Ruferin in der Wüste. Jedem hab ich ein Gespräch über die Endzeit aufgenötigt: Kommilitonen, Bekannten, Freunden. Ich hab mich berufen gefühlt, mein vermeintliches Wissen auch anderen Leuten kundzutun.«

Nach einiger Zeit legte sich die Hysterie wieder. Jemand weist sie auf einen anderen Bibelspruch hin: »Wir wissen weder Stunde noch Tag.« Genaue Berechnungen sind seitdem tabu für S. »Auch heute denke ich, daß wir in der Endzeit leben«, erzählt sie, »aber es beschäftigt mein Denken nicht mehr so. Ich bin heute Mitglied einer Landeskirche, und da halte ich es lieber mit Martin Luther, der sagte: ›Und sollte auch morgen die Welt untergehen, so werde ich doch heute noch ein Apfelbäumchen pflanzen.‹«

Literatur

Otto Bischofberger u.a.: Apokalyptische Ängste – christliche Hoffnung, Freiburg (CH) / Zürich 1991

Claude Carozzi: Weltuntergang und Seelenheil. Apokalyptische Visionen im Mittelalter, Frankfurt/Main 1996

Jürgen Ebach: Apokalypse. Zum Ursprung einer Stimmung, in: Einwürfe Bd. 2, München 1985

Kurt Quadflieg: Sodom und Gomorrha heute. Im Vorfeld der Apokalpyse, Pforzheim 1998

Hugo Stamm: Im Bann der Apokalypse. Endzeitvorstellungen in Kirchen, Sekten, Kulten, Zürich/München 1998

Franz Stuhlhofer: »Das Ende naht!« Die Irrtümer der Endzeitspezialisten, Gießen/Basel 1992

»Deutschland den Christen!«:

Träume vom deutschen Gottesstaat

Jedermann sei untertan der Obrigkeit, die Gewalt über ihn hat.
Denn es ist keine Obrigkeit außer von Gott;
wo aber Obrigkeit ist, ist die von Gott angeordnet.
Römer 13,1

Religiösen Werte mit Hilfe staatlicher Gewalt Geltung zu schaffen, Religion und Politik zu einem Gottesstaat zu verbinden, ist ein Hauptkennzeichen religiösen Fundamentalismus. Die Versuchung ist groß: Wenn die Menschen das, was man selbst als heilsnotwendig und als Gottes gute Gebote erkennt, trotz aller Missionsversuche nicht annehmen – dann werden Gesetze zu Erfüllungshilfen des göttlichen Willens. Im Irak, konsequenter noch in Afghanistan, sind die Folgen zu sehen: Hier haben islamisch-fundamentalistische Regime den Islam zur Staatsreligion erklärt; die sittlichen Vorschriften des Islam, das islamische Recht, sind zum Staatsrecht erklärt worden. Daß der Begriff Fundamentalismus zum allbekannten Schlagwort geworden ist, ist in diesen Vorgängen begründet.

Auch viele christliche Fundamentalisten scheinen Hoffnung auf einen christlichen Staat zu haben. Viele denken träumerisch an das Römische Reich unter Kaiser Konstantin und dessen Thron-Nachfolgern. Sie setzten dem multikulturellen und multireligiösen Römischen Reich ein Ende. Christentum wurde Staatsreligion, andere Kulte verboten. Die Christen hatten die politische Machtzentrale erreicht. Als das Römische Reich kurz darauf zerfiel, hatten die Christen so viel Machtpositionen besetzt, daß sie bis in die Neuzeit hinein feste Bündnisse zwischen Thron und Altar schmieden konnten.

Die Auflösung dieses Bündnisses haben Christen bis jetzt nicht verkraftet. Am meisten haben konservativ-christliche Gruppen darunter zu leiden. Daß sich offensichtlich immer weniger Politiker gerade in Deutschland zu Gott bekennen, ist ihnen ein Beweis für den langsamen Verfall des Abendlandes. Die Säkularisierung schreitet unerbittlich voran – doch daraus ziehen Fundamentalisten auch Hoffnung. Denn je weniger Christen ihre Interessen von den Volksparteien vertreten sehen, desto größer ist die Wahrscheinlichkeit, daß sie ihre Stimmen christlichen Parteien geben.

Auch der Blick in die USA macht den Verfechtern eines christlichen Gottesstaates Mut. Dort werben schon lange christliche Parteien um Wählerstimmen. Die »neue christliche Rechte« verbindet konservative politische und christliche Vorstellungen. Die Aufstellung des Fernseh-Evangelisten Pat Robertson zum Präsidentschaftskandidaten der republikanischen Partei ist vorläufiger Höhepunkt dieser Entwicklung. Wie der christliche Fundamentalismus, wie die Pfingstbewegung und die charismatische Erneuerung könnte, so die begründete Hoffnung, auch diese Form des politischen Christentums über den Ozean nach Europa schwappen.

Größtes Hindernis ist dabei in Deutschland: Zwei Volksparteien, CDU und CSU, führen bereits - jedenfalls per Namen - christliche Politik im Schilde. Daß die zwar demokratisch, aber keineswegs so christlich wie erforderlich ist, eint die zu politischem Bewußtsein erwachten deutschen Christen. Durch ihre lasche Haltung in der Abtreibungsfrage, so die gängige Meinung, habe die CDU längst das Anrecht auf das schmückende »C« verwirkt. Für bekennende Christen sei die CDU jedenfalls nicht mehr wählbar.

Also buhlen christliche Parteien um Wählerstimmen. Nur an ihrer mangelnden Professionalität liegt es, daß sie das große Wählerpotential der evangelikalen, konservativ-katholischen und pfingstlerisch geprägten Gruppen noch nicht erschließen konnten. Auf ganze 0,5 Prozent brachten es die vier von »idea« als »christliche Kleinparteien« bezeichneten Gruppen bei der Bundestagswahl 1998. Nicht einmal eine zunehmende Tendenz im Vergleich zur Wahl 1994 konnten sie verzeichnen. Rund 315.000 Wählerinnen und Wähler entschieden sich dafür, konservativ und christlich bekennend zu wählen.

Partei Bibeltreuer Christen

Am öffentlichkeitswirksamsten präsentierte sich in den Bundestagwahlkämpfen 1994 und 1998 die Partei Bibeltreuer Christen (PBC). »Ich bin entschieden für Jesus - auch in der Politik«, stand auf unzähligen Litfaßsäulen, weitere Slogans waren »Gottes Wort in Familie, Schule und Medien«, »Solidarität und Freundschaft mit Israel«, »Ja zum Leben - nein zur Kindestötung im Mutterleib«, »Ohne Gott geht alles kaputt«.

Der niedersächsische PBC-Landesvorsitzende Herbert Masuch betrachtet die Plakate als »Weckruf« und »Mittel, die breite Masse des Volkes mit Gottes Wort zu konfrontieren«. Eine Partei müsse predigen, so Masuch, »daß Gottes Gebote – und damit Sein Wort – heute noch gelten«. Der mangelnden praktisch-politischen Kompetenz der PBC-Kandidaten sieht Masuch gelassen entgegen: »Ich bin zuversichtlich, daß Gott diejenigen, die Er etwa als Abgeordnete beauftragt, für diesen wichtigen Dienst auch qualifiziert.«

Qualifiziert weiß sich zum Beispiel der Parteivorsitzende Gerhard Heinzmann. Gott selbst habe ihm den Impuls gegeben, eine Partei »von überzeugten, entschiedenen, geisterfüllten Christen« zu gründen. Auf einer Pastorenkonferenz im Herbst 1989 macht er sein Ansinnen öffentlich. Da die Bibel den Maßstab der Politik bilden soll, nennt er sie Partei Bibeltreuer Christen. »Was nun geschieht, erinnert an Georg Friedrich Händel«, schreibt die pfingstlerisch-charismatische Zeitschrift »Charisma«: »Zu Hause angekommen, empfängt dieser Mann Gottes Gedanken, schreibt sie nieder, schreibt und schreibt. Stunden am Tag. Stunden in der Nacht. Wachen, schlafen, schreiben, schlafen, wieder schreiben.« Was bei Händel zum »Messias« wurde, wurde bei Heinzmann zum Grundsatzprogramm seiner neuen Partei. Am Buß- und Bettag 1989 ist es soweit: In Karlsruhe wird die PBC gegründet. »Wir müssen uns schämen vor den vielen Völkern in der Welt, daß sich in unserem sogenannten christlichen Land so viel Schuld und Schmutz angesammelt hat«, bekennen die Anwesenden.

Heinzmann, Leiter der Internationalen Zigeunermission, sieht neben der Evangelisation Deutschlands noch einen anderen Vorteil. »Da in unseren Missionskassen sowieso nie Geld ist, können wir aber vor den großen Wahlen, zu den besten Sendezeiten, völlig kostenlos über Rundfunk und Fernsehen, auf allen Kanälen, Millionen Menschen in unserem Land erreichen«, schwärmt er. Der Eindruck, daß der PBC die Predigt wichtiger als die Politik ist, verfestigt sich bei Durchsicht des Grundsatzprogrammes. Als Ziel wird dort benannt, »Gottes ewig gültiges Wort für die Menschen aller Völker, Rassen und Hautfarben in den Mittelpunkt des Lebens zu stellen«. Außerdem will die PBC »das Bewußtsein fördern, daß sich jeder für sein Handeln in Familie, Gesellschaft und Politik vor dem Schöpfer des Himmels und der Erde verantworten muß«. Bei der Bundestagswahl 1990 ließ der Bundeswahlleiter die PBC nicht zu. Die Bibeltreuen böten »keine Gewähr für die Ernsthaftigkeit ihrer Zielsetzung«.

Die Partei besserte nach. Als konkrete Forderungen kommen heute unter anderem im PBC-Programm vor:

- die Erschwerung der Ehescheidung;
- strafrechtliche Ahndung von Abtreibung;
- Hilfe für kinderreiche Familien;
- »Ehrfucht vor Gott und der Schöpfung« als Schul-Lernziel, Einführung des Schulgebets;
- Verbot von Astrologie, Wahrsagerei und Horoskopen in allen öffentlichen Medien;
- Verbot von jeglicher pornographischer Darstellung in Presse, Rundfunk;
- Einrichtung biblischer Drogentherapiezentren;
- regelmäßige Bibelarbeiten für Strafgefangene;
- Abwendung von Kampfmaßnahmen in Tarif-Auseinandersetzungen durch Gebet;
- sorgfältiger Umgang mit Gottes Schöpfung;
- kostenlose Verteilung von Lebensmittelüberschüssen in der Dritten Welt.

Auch Meinungsfreiheit gehört zu den erklärten Zielen der PBC; offensichtlich ist für die PBC-Klientel nicht erkennbar, daß die Umsetzung ihrer Programmpunkte keine Meinungsfreiheit, sondern eine Meinungsdiktatur herbeiführen würde. Nicht anders als rührig sind die Wahlkampfaktionen der PBC zu beschreiben. Da zieht eine »Wanderausstellung für (sic!) sexuelle Perversionen, Okkultismus und Abartigkeit« durchs Land; Mahnwachen postieren vor einer »Erotik-Messe«. Der »Schmuddelpornographie« wollen sie mit dem Slogan »Wahre Liebe nur in der Ehe!« beikommen.

Stimmen erhält die PBC vermutlich hautpsächlich aus dem pfingstlerisch-evangelikalen Lager. In der PBC-Zeitschrift »Salz und Licht« werben unter anderem das Glaubenszentrum Bad Gandersheim, das »Neue Leben«, die »Staatsunabhängige theologische Hochschule Basel« und der Erzhausener »Leuchter Verlag«.

Immerhin für knapp 72.000 Zweitstimmen reichte das Potential bei der Bundestagswahl 1998. Für den Parteivorsitzenden Heinzmann ist das ein Grund zur Freude. »Mit allergeringsten Finanzmitteln ist es meiner Partei und mir gelungen, Millionen unserer Mitbürger sowie Vertreter aller politischen Parteien auf die für unser Land ewiggültigen Maßstäbe Gottes hinzuweisen ... Soll ich da enttäuscht sein?«

Eigentlich müßte Heinzmann die Wahlniederlage ernster nehmen: als Gottesurteil sozusagen. Denn nach Meinung der PBC bestimmen nicht die Wähler über den Wahlerfolg einer Partei, sondern allein Gott. »Gott allein entscheidet, welcher Kandidat am Wahltag als Sieger über die Ziellinie geht. ER ist der Souverän, der ›die Könige (Kanzler und Minister) absetzt und einsetzt‹«, heißt es in der Wahlzeitung. Die Demokratie ist demnach ein Marionettenspiel Gottes. Bleibt die Frage, weshalb ER der PBC so wenig Stimmen gegeben hat. Und weswegen ER den »erdrutschartigen Linksruck« zuließ, in dessen Folge nach PBC-Vorsitzendem Heinzmann »Gotteslästerungen, Pornographie, Tötung von Kindern im Mutterleib, die Suche nach Lebenssinn in Okkultismus und Esoterik zunehmen« werden.

Auf jeden Fall will die PBC weiter auf Kurs bleiben. Laut PBC-Landesvorsitzendem Masuch bewegt sich das Schiff PBC in den »Hoheitsgewässern des Reiches Gottes« und gehört zum »Flottenverbund missionswilliger Christen und Werke, die sich dem Sendungsbefehl ihres ›Admirals‹ Jesus Christus unterstellen«.

Christliche Mitte

Andere Christen sahen die Gründung der Partei mit Mißmut. »Die PBC hat mit ihrer Gründung den Christen einen schlechten Dienst erwiesen«, schimpft die Konkurrenz: »Die PBC ist zudem überflüssig, weil es die Christliche Mitte gibt«. Auch sei die PBC gar nicht so bibeltreu, hat die »Christliche Mitte« (CM) herausgefunden. Schließlich fordere das Grundsatzprogramm der PBC einen »konfessionsneutralen Bibelunterricht an allen deutschen Schulen und Strafanstalten«. Und damit seien sogar den Zeugen Jehovas Möglichkeiten geben, Bibelstunden abzuhalten.

Verwundern tut es nicht, daß die CM unerfreut war über die neue Partei. Erstens würde die CM Stimmen verlieren. Und zweitens erhebt die CM ähnlichen Absolutheitsanspruch. Durch eine »Seherin«, so eine CM-Landesvorsitzende, habe der Heiland – sechs Wochen vor der Gründung der PBC ! – der Christlichen Mitte mitgeteilt: »›Mein Gesetz liegt dir zu Füßen. Nie laß es zu, daß es zertreten wird! Immer ringe mit all deiner Kraft! Mein Segen ruht auf dir ... Kämpft weiter diesen so scheinbar ausweglosen Kampf! Ich werde eurem Tun zum Licht verhelfen ...«

Zu Licht vielleicht, zu Stimmen aber nicht. 24.030 Kreuze bei der Bundestagswahl 1998 – das seien »Wahlerfolge für die Ewigkeit«, befindet Adelgunde Mertensacker. Die ehemalige Musikprofessorin aus Dortmund ist Vorsitzende der »Christlichen Mitte« (CM). »Für diesen Erfolg danken wir zuerst GOTT, dessen Heiligen Willen wir im Wahlkampf neu bewußt gemacht und verteidigt haben.«

Gottes Heiliger Wille in der Politik beschränkt sich nach der Parteizeitung »Kurier« hauptsächlich auf die Bekämpfung des Islam und die Abschaffung der Abtreibung. Christus würde jedenfalls nach Meinung der CM nicht die CDU/CSU wählen. Diese Parteien würden sogar Muslime als Kandidaten aufstellen, begünstigten Pornographie steuerlich und wollten das öffentliche Leben nicht nach den zehn Geboten gestalten.

Die Christliche Mitte wurde 1988 gegründet - steht aber nach eigenen Angaben in der Tradition der katholisch beheimateten Deutschen Zentrums-Partei, deren Geschichte bis 1870 zurückreicht. Im Bundestagswahlkampf 1987 trat die Zentrumspartei mit offen revanchistischem Programm in Erscheinung. »Bestrebungen, die die Oder-Neiße-Linie als polnische Westgrenze anerkennen, lehnt das ZENTRUM ab«, heißt es da, denn Deutschland bestehe »in den Grenzen von 1937 weiter. Auch Annexion und Vertreibung ändern nichts an dieser Tatsache.«

Die Christliche Mitte sei heute längst »neue politische Heimat vieler ehemaliger CDU/CSU-Mitglieder geworden«, schreibt das Parteiorgan »Kurier«. Aufgrund des im Vergleich zur Partei Bibeltreuer Christen engeren Wahlprogramms bleibt zweifelhaft, ob eine nennenswerte Zahl von Volkspartei-Mitgliedern zu einer radikal-fundamentalistischen Splittergruppe wechseln würde. Ihre Wählerschaft rekrutiert die CM vornehmlich im rechtskonservativen katholischen Milieu. Auf kleinen Fürbitt-Gebetsheftchen läßt die CM für sich beten. Der Gebetstext enthält einige Themen der CM-Anliegen. Da soll Gott gebeten werden »um die Erhaltung des Lebens der heute gezeugten Menschen und aller noch nicht geborenen«. Vom »Kampf um die Christianisierung Deutschlands« ist da die Rede, die Partei wird sogar in den Rang der Gottesmutter erhoben: »So wie Deine Mutter Maria als erste Christin von Dir berufen wurde, so vertrauen wir, HERR, darauf, daß Du heute unsere CHRISTLICHE MITTE rufst.«

Im Prosa- statt Gebetstext hört sich das Programm der Christlichen Mitte so an:

Die Christliche Mitte will

»- ein Deutschland nach GOTTES Geboten;
- den uneingeschränkten Schutz der Menschen von der Zeugung bis zu seinem natürlichen Tod;
- die Achtung der Würde von Frau und Mutter und der Familie;
- eine gerechte Aufteilung der vorhandenen Arbeit;

- ein härteres Durchgreifen gegen Kriminalität und Korruption, gegen Waffen-, Drogen- und Pornohandel;
- den Schutz der Jugend vor gesundheitlicher und sittlicher Gefährdung;
- die Erhaltung und Wiederherstellung der Schöpfung;
- Schaffung von mehr kreuzungsfreien Straßen;
- die Bewahrung unseres Volkes vor der Islamisierung.«

Die Formulierung des letzten Punktes lohnt nähere Betrachtung. Die Mischung von Nationalismus, Fremdenangst, religiöser Intoleranz, unverhohlenem Klischee-Denken und christlichem Pathos ist einmalig in den Parteiprogrammen der christlichen Kleinparteien. In ihren Wahlspots hat die Christliche Mitte ihre Wahlaussage sogar noch kürzer auf den Punkt gebracht. »Deutschland den Christen!« tönte eine Stimme aus den Fernsehlautsprechern. »Muslime wollen Deutschland erobern«, so die Analyse der CM; als Beleg nennt sie die Zahl der Moscheen: Habe es 1970 nur drei in ganz Deutschland gegeben, seien es mittlerweile »rund 2.500«.

Grundlage dieser Thesen sind »langjährige Islam-Studien« der Adelgunde Mertensacker. Während denen hat sie das »wahre Wesen des Islam« erforscht. Ihre Ergebnisse faßt sie u.a. in der Broschüre »Geführt von Dämonen« zusammen. Allah sei nicht Gott, sondern ein Dämon, meint Mertensacker und erklärt dem Islam den Heiligen Krieg: »Jeder falsche Friede, jedes Nachlassen im Kampf gegen den Islam ist ein Gewinn für die Dämonen, die ihre verderbenbringende Wirksamkeit auf die ganze Welt ausdehnen wollen, um den antichristlichen Weltstaat unter der Herrschaft des Götzen Allah aufzubauen.«

Daß Allah der Satan in Person ist, bestätigen auch Dämonen selbst. Im »Kurier« berichtet ein Exorzist, daß er einer jungen Sozialarbeiterin den Dämonen ausgetrieben habe. Durch die Arbeit mit jungen Türken sei die Frau dämonisch belastet gewesen. Als der Exorzist den Dämon fragte, ob hinter Allah Satan stünde, habe dieser positiv geantwortet.

Die Evangelische Zentralstelle für Weltanschauungsfragen vermutet in einer Untersuchung des »Islambildes der Christlichen Mitte«, daß die »antiislamische Polemik der Partei hauptsächlich im Bereich christlicher Gruppen Wirkung zeigt«. Hier erreiche sie »eine weit größere Resonanz, als es ihre politische Bedeutungslosigkeit und ihre Verankerung in katholisch-fundamentalistischen Kreisen vermuten ließ«, resümiert der Berliner Theologe Paulus Hecker. Er weist darauf hin, daß die Argumentationen bis in die Leserbriefspalten von idea wirken.

So wie der Islam, geht auch der Kommunismus eigentlich auf satanische Wurzeln zurück. Der »Kurier« macht sich die Meinung eines Buchautors zu eigen, der Karl Marx erforscht hat. Sein Ergebnis: Marx war ein Satanist. Sogar sein Sohn Edgar habe einen Brief an den Vater mit der Anrede begonnen: »Mein lieber Teufel!« »Marx' Sozialismus war nur ein Vorwand. Sein Ziel war der teuflische Plan, die Menschheit zu verderben«, schließt der Kurier-Beitrag.

Mit diesem Programm hat sich die CM vorgenommen, »die für Christen unwählbar gewordene CDU/CSU abzulösen und an deren Stelle zu treten«. Nahe gekommen ist die CM diesem hohen Ziel nicht. Rechnet man die nach eigenen Angaben »18.000 katholischen, evangelischen und freikirchlichen Mitstreiter« vom Wahlergebnis ab, bleiben gerade noch 6.000 Stimmen.

Literatur

Paulus Hecker: Das Islambild der Christlichen Mitte, in: Materialdienst der EZW 8/98

Adelgunde Mertensacker: Geführt von Dämonen. Mohammed im Urteil seiner Zeitgenossen, Selbstverlag, Lippstadt 1993

Jürgen Wüst: Renaissance des Christlichen in der Politik? Kleine christliche Parteien in Deutschland, in: Materialdienst der EZW 8/94

Rechte, Sekten, Publizisten:

Merkwürdige Allianzen gegen Toleranz

Und das Los fiel auf Matthias.
Apostelgeschichte 1,26

Sekten, Psycho-Gruppen, ehemalige Nazi-Größen, Spenden-Kriminalität, Kirchenhetze und Politprominenz: Auch diese pikante Mischung findet Platz im christlich-fundamentalistischen Lager - wenn auch ganz rechts außen. Der »Arbeitskreis Christlicher Publizisten« (»ACP«) zeichnet dafür verantwortlich. Laut Selbstdarstellung ist er »eine internationale Vereinigung von Personen, deren Ziel eine angemessene Publizierung von biblischen Dank- und Handlungsweisen in den modernen Massenmedien ist«.

Seiner Gründung ging eine Auseinandersetzung mit der Deutschen Evangelischen Allianz voraus. Deren Hauptvorstandsmitglieder hätten »die Vertrauensbasis derart zerstört, daß eine Zusammenarbeit zukünftig ausgeschlossen erscheint«, zitierte der Evangelische Pressedienst den ACP. Unter den Kuratoriums- und Ehrenvorsitzendenlisten des Vereins finden sich (zu je verschiedenen Zeiten): US-Astronaut Charles Duke, ZDF-Gründungsintendant Karl Holzamer, Bergsteiger-Idol Luis Trenker (†), der ehemalige Bundeslandwirtschaftsminister Josef Ertl, der Europaparlamentarier und Präsident der Paneuropa-Union Otto von Habsburg, Afrika-Missionar Reinhard Bonnke. Als Mitglieder benannte der ACP prominente Zeitgenossen, neben anderen den Präsidenten der Bundesanstalt für Arbeit Bernhard Jagoda, den ehemaligen NDR-Intendanten Friedrich-Wilhelm Räuker, CDU-Politiker Friedrich Bohl. Ob die jedoch alle wirklich dem ACP angehör(t)en, darf bezweifelt werden. Denn dem umtriebigen ACP-Vorsitzenden Heinz Matthias wurde bereits Etikettenschwindel nachgewiesen. »Eine üble Masche«, klagte der SPD-Politiker Hans Koschnick. Auf einem Briefkopf entdeckte er seine Frau als »Kuratoriumsmitglied« des ACP - doch die war nie gefragt worden. Generalmajor Hans-Peter von Kirchbach, 1992 dem ACP »aufgrund seines christliches Weltbildes« beigetreten, wußte offensichtlich nicht über alle Aktivitäten des Arbeitskreises Bescheid. Nachdem der »Stern« unter Verweis auf die ACP-Mitgliedschaft des ehemaligen Hitler-Weggefährten und früheren Vertriebenen-Ministers Hans Oberländer behauptet hatte, der ACP biete rechtsextremen Politikern ein

Forum, entschloß sich von Kirchbach Presseberichten zufolge, sofort auszutreten.

Außenstehenden erscheint es auch bei der Lektüre des zweimonatlich erscheinenden ACP-»Informationsdienstes«, als bestünde der Verein trotz zahlreicher Mitglieder aus einem Mann: Heinz Matthias. Der ehemalige Berufsschullehrer ist überall zu sehen: Heinz Matthias legt dem Schauspieler Curd Jürgens vertrauensvoll die Hand auf die Schulter; Heinz Matthias treibt Späße mit dem damaligen Bundesaußenminister Hans-Dietrich Genscher; Heinz Matthias neben Wolfgang Schäuble, dem österreichischen Bundespräsidenten Rudolf Kirchschläger, Max Schmeling, Ministerpräsident Manfred Stolpe, Bundeskanzler Helmut Kohl, Björn Engholm und Arbeitgeberpräsident Klaus Murmann.

Zu seinem 25jährigen Bestehen konnte Matthias auf eine Reihe prominenter Grußworte verweisen: Philipp Jenninger, deutscher Vatikan-Botschafter, schrieb von »segensreicher Wirkung«, »Mut, Sachverstand und Erfolg« bescheinigt der wegen seiner Nazi-Vergangenheit umstrittene ehemalige baden-württembergische Ministerpräsident Hans Filbinger, »weiter einmischen« wünscht Berlins Ministerpräsident Manfred Stolpe.

Wüßten alle, wem sie da ihre Ehrerbietung bringen, so ist zu vermuten, würden sie vorsichtiger sein. Denn hinter der seriösen Fassade eines »Arbeitskreises Christlicher Publizisten« verbirgt sich ein dubioser Verein, der sich nicht nur am rechten Rand der Kirchen, sondern darüber hinaus bewegt. Die Endzeit-Sekte »Universelles Leben« findet hier ebenso ein willfähriges Sprachrohr wie der Psycho-Kult-»Verein zur Förderung der psychologischen Menschenkenntnis« (VPM). Die publizistische Tätigkeit der meisten ACP-Mitglieder scheint sich darin zu erschöpfen, daß sie sich gemeinsam mit Heinz Matthias von Rundfunkanstalten zu »Gesprächen« einladen lassen (und dies »Presseseminar« nennen) – und daß sie Leserbriefe schreiben, die vornehmlich in der ACP-Postille abgedruckt werden. Und selbst da kann sich niemand sicher sein, von wem sie tatsächlich stammen. »Ich glaube, es ist ein erlaubter Trick«, kokettierte Heinz Matthias öffentlich, »wenn ich sage, daß ich in meiner Wohnung eine ganze Reihe Blanko-Unterschriften habe von Leuten, deren Bedeutung der meinigen deutlich überlegen ist.«

Wer von einem »Informationsdienst« eines »Arbeitskreises christlicher Publizisten« journalistisches Handwerkszeug oder professionelles Layout erwartet, wird enttäuscht. Mit seinem mühsam geordneten Chaos nachgedruckter Pressemeldungen, eigener Interviews, PR-Fotos, Leserbriefen und Anzeigen teils bekannter, teils radikal-pfingstlerischer Gruppen entwickelt das Blatt allerhöchstens Schülerzeitungs-Niveau. Heinz Matthias ficht das nicht an. Im Gegenteil: Er bewertet gestandene Journalisten nach deren »Glaubwürdigkeit und Fähigkeit, sachlich-informative Berichte zu präsentieren«. Durchfallen läßt er dabei jene, die kritische Berichte über den ACP oder sein Umfeld gebracht haben: Friedhelm Lange vom WDR, Ingo Nathusius vom Hessischen Rundfunk, Eike-Christian Hirsch vom Norddeutschen Rundfunk, Wolf-Rüdiger Schmidt vom ZDF. Positiv dagegen stellt er seinem ACP-Publikum Redakteure vor, die dem evangelikalen Spektrum nahestehen, neben anderen Henning Röhl (MDR) und Klaus Wölfle (BR). Nicht zimperlich geht Matthias allerdings mit Leuten aus dem evangelikalen Lager um, die dem ACP nicht die Referenz erweisen, sondern sachlich berichten. Als Volksverdummer etwa mußte sich Wolfgang Baake diffamieren lassen, der Vorsitzende der Konferenz Evangelikaler Publizisten (kep). Matthias attestiert Baake Cholerikertum und zitiert einen ungenannten Mediziner, der von einer »fast paranoiden Abneigung Baakes gegen Matthias« ausgeht. Als der »Mann für's Grobe« lächelte Baake von der Titelseite des ACP-Informationsdienstes.

Unheilige Allianzen

Die »bösen Taten«, die Baake ins Visier des ruheständigen Berufsschullehrers Matthias gerückt hatten: Die kep-Zeitschrift »pro« hatte einen Artikel über den ACP gebracht. »Der Rentner (Matthias) versteht es, seiner Hobbygruppe halboffiziellen Charakter zu verleihen«, heißt es dort. Autor Horst Hanstedt: »Es ist zum Lachen, wenn es nicht wirklich zum Weinen wäre. Fast alle, die im religiösen Bereich umstritten waren und sind, fanden beim ACP publizistische Unterstützung: die umstrittene Siloah-Blindenmission, der verurteilte ›Evangelist‹ Günter Tesch ... sowie das als ›Grass-Sekte‹ bekannte ›Internationale Missionswerk Burg Steineck‹.« Das Faß zum Überlaufen brachte die Unterstützung der Sekte »Universelles Leben«, für die sich Heinz Matthias stark machte.

In der Tat: Wer einmal in das ACP-Umfeld eintaucht, kommt aus dem Staunen nicht mehr heraus.

Heinz Matthias kassierte Anfang der 80er Jahre von der Siloah Blinden- und Aussätzigen-Mission e.V. für Beraterdienste über 255.000,- DM. Daß das Missionswerk seine PR aus Spendengeldern bezahlte, brachte die Verantwortlichen vor Gericht.

Enger Kontakt besteht offenbar zwischen der Würzburger Sekte »Universelles Leben« und dem ACP. Heinz Matthias scheint zu genügen, daß sich die UL-Mitglieder »Urchristen« nennen. In der »Main-Post« bekundete Matthias, daß er zwar »keine gemeinsamen Veranstaltungen« mit dem UL machen würde – nimmt sie aber gleichzeitig vor dem Weltanschauungsbeauftragten der Bayerischen Landeskirche in Schutz. »Grob irreführend« nennt Matthias dessen Aufklärungsarbeit. Auch beim ZDF setzte sich Matthias für das UL ein. Nach einem »heute«-Bericht über die Sekte beklagte Matthias die »dürftige Qualität« des Beitrags.

Scheinbar im Gegenzug räumt Matthias dem UL-Pressesprecher und Justitiar Christian Sailer Platz im ACP-Informationsdienst ein. Gegenüber dem bayerischen Weltanschauungspfarrer Wolfgang Behnk äußerte Matthias geschwisterliche Gefühle gegenüber dem »Universellen Leben«. Die »(Halb-)Brüder in Würzburg« stehen Matthias »näher als jene, die von unserer Bibel ein Märchenbuch machen«. Das aber heiße »überhaupt nicht, daß die Ersteren mir nahestehen. Besser: Sie stehen mir nicht ganz so fern wie die extrem modernen Theologen.« Das verwundert, zumal der christliche Fundamentalist Heinz Matthias, bliebe er seinem Glauben treu, in Hinsicht auf die Neuoffenbarungssekte »Universelles Leben« voll auf die Linie der kirchlichen (evangelischen wie katholischen) Weltanschauungsbeauftragten einschwenken müßte. Immerhin glauben die Anhänger des UL, daß sich Christus der »Prophetin« Gabriele Wittek, einer Hausfrau aus Nürnberg, anvertraut hätte. Wittek sei das »Sprachrohr Gottes« und hält die Bibel für nicht ausreichend. »Dein Wort ist das A und O« heißt die erweiterte Bibel der »Urchristen«.

Mit Scientology gegen Deutschland

Selbst gegenüber Scientology vermochte sich Matthias nicht eindeutig abzugrenzen. Auch hier arbeitete er bewußt oder unbewußt mit an der Rehabilitierung des Psycho-Konzerns und übernahm deren Propaganda gegen kirchliche Sekten- und Weltanschauungsbeauftragte. Statt die rüden Methoden von Scientology gegen Kritiker zu beklagen, sieht Matthias die Lage andersherum: Scientologen und Mitglieder anderer »Sekten« »werden krankenhausreif geschlagen, die Kinder bespuckt, Scheiben eingeworfen, Telefonterror praktiziert«, schrieb Matthias in einem Leserbrief seiner Lokalzeitung.

Auch eine personelle Verbindung weist auf die Scientology-Connection hin. ACP-Mitglied Terry Jones, aus den USA stammender

Pastor der charismatisch-fundamentalistischen »Christlichen Gemeinde Köln«, unterstützte Scientology in ihrer Kampagne gegen die Bundesrepublik Deutschland. Deren Vorwurf: In Deutschland würden Angehörige religiöser Minderheiten verfolgt. Scientology verglich das mit der Judenverfolgung während des Dritten Reichs. Im September 1997 gelang es Scientology, gemeinsam mit einer privaten Vereinigung namens »Helsinki Commission«, in Washington eine Anhörung zum Thema »religiöse Intoleranz in Deutschland« zu organisieren. Einer der Redner dieser Anhörung: ACP-Mitglied Terry Jones.

Schon zwei Jahre zuvor hatte der Prediger in einer amerikanischen Zeitschrift behauptet, die deutsche Regierung sähe »Gott als ihren Feind« an. Die deutsche Einstellung sei: »Wenn du nicht bist wie wir, radieren wir dich aus.« Im selben Artikel wird ein weiterer Glaubensgenosse zitiert: Wolfhard Margies. Der Pastor der Berliner »Gemeinde auf dem Weg« (früher Philadelphia-Gemeinde) findet beim ACP stets gute Presse. »Jemand, der sich für seinen Glauben einsetzt, wird von der Regierung als verdächtig erachtet«, klagt Margies. »Deutschland war in der Vergangenheit eine Giftquelle«, behauptet Margies und verweist auf die »liberale Theologie«; »nun ist es Zeit für etwas Gutes, für etwas Frisches, für etwas Hilfreiches, das vom Leib Christi in unser Land kommt.« Damit kann er nur die radikal-charismatischen Frömmigkeitsformen meinen.

Das Magazin »Charisma & Christian Life« druckte die abstrusen Diffamierungen der ACP-Mitglieder Jones und Margies. Scientology paßten sie so gut in ihre durchschaubare PR-Strategie, daß sie den Artikel in ihrer Propaganda-Postille »Freiheit« nachdruckten. Genüßlich leitet »Freiheit« den Beitrag ein als »Schilderung politisch initiierter Menschenrechtsverletzungen, die gegen ein breites Band religiöser Bekenntnisse in Deutschland gerichtet und an der Tagesordnung sind.«

Der Schulterschluß von Pastor Jones und Scientology ist noch enger: Als das englische Oberhaus-Mitglied Lord McNair - ein bekennender Scientologe - ein Kommitee »zur Untersuchung von Diskriminierung gegen religiöse und ethnische Minderheiten in Deutschland« ins Leben rief, unterstützte Jones auch dieses Scientology-Projekt.

Mut zur Ethik und die Folgen

Die Matthias-Allianz mit kultähnlichen Gruppen reicht noch weiter. Seit Mitte der neunziger Jahre fühlt er sich dem »Verein zur Förderung der psychologischen Menschenkenntnis« (VPM) verbunden. Diese Gruppe hat in Zürich ihr Zentrum und in Deutschland mehrere Außenstellen. Ehemalige Mitglieder berichten über die totalitäre Binnenstruktur des VPM und halten die behauptete Wissenschaftlichkeit für einen Deckmantel. Mit einer Prozeßwut ohnegleichen hat der VPM seine Kritiker eingedeckt und somit jenen Recht gegeben, die hinter ihm einen sektiererischen Psycho-Kult vermuten. In einem ähneln sich VPM und ACP: Beide versuchen mit großen Namen das eigene Image aufzubessern. Das VPM-Umfeld tut dies auf Kongressen, die unter dem Motto »Mut zur Ethik« stehen - gleichzeitig der Titel einer »europäischen Arbeitsgemeinschaft«. Deren Mitglieder sind unter anderem der VPM, VPM-nahe Gruppen wie der »Verein Kritische Auseinandersetzung mit Zeitfragen« und der »Bund der Arbeitskreise für ein Qualifiziertes Studium«, außerdem rechtskonservative Gruppierungen wie die Hannoversche »Konservative Sammlung« und die »Österreichische Konservative Union« sowie der Arbeitskreis Christlicher Publizisten. Dessen Vorsitzender Heinz Matthias genoß auf dem Kongreß »Mut zur Ethik« im Jahr 1995 die Aufmerksamkeit. »1.000 Akademiker nahmen Kenntnis von den Aktivitäten des ACP«, untertitelt der ACP-Informationsdienst ein Bild, auf dem Heinz Matthias auf der Rednerkanzel steht. Eine engagierte VPM-Frau aus Tübingen, Anita Knötgen, wird als dem Führungskreis des ACP zugehörig vorgestellt.

Das Spektrum, das sich hier trifft, könnte sich dereinst zu einer nationaldemokratischen Allianz mausern - und damit zu einer bedrohlichen Größe werden. Daß die auf lokaler Ebene bereits zusammengewachsen ist, wurde in Hannover deutlich.

»Wenn die Rechtsextremen ihre Treffen haben, werden wir meistens gerufen!« Mit drei Kollegen saß der Polizist im grün-weißen VW-Bus. Sein Einsatzort: Die Straße vor dem Restaurant »Rother« in Hannover. An diesem lauen Sommerabend des Jahres 1994 sollte im biederen Festsaal der Gaststätte eine Veranstaltung stattfinden, die zwar nicht »rechtsextrem«, aber doch stark rechtslastig war. Unter dem Titel »Die Instrumentalisierung des Faschismusbegriffes durch die Linke« hatten die »Konservative Sammlung« und der »Verein zur Förderung der psychologischen Menschenkenntnis« eingeladen.

Etwa hundert Menschen waren gekommen. Drei Burschenschaftler in stolzer Pose schoben sich durch das gemischte Publikum. Auf dem Büchertisch dicke Werke mit prägnanten Titeln: »Mut zur Ethik«, »Standort Schule«; daneben Broschüren zur Suchtprävention, Schriften des »Arbeitskreises Christlicher Publizisten« und des VPM; Faltblätter des »Anti-Drogen-Arbeitskreises der CDU Charlottenburg« sowie des »Arbeitskreises für qualifiziertes Studium« (BAQS).

Dieter von Glahn, trotz schwerer Krankheit kämpferischer Konservativer, und Tankred Schaer, Vorstandsmitglied des hannoverschen VPM-Ablegers »GFPM« und ACP-Mitglied Nr. 825, begrüßen den Referenten: Hans-Helmut Knütter, Bonner Politikwissenschaftler, Autor des Buches »Die Faschismuskeule«. Knütter vertritt Positionen der »Neuen Rechten«, einer Gruppe neokonservativer Intellektueller, deren Hauptanliegen es ist, das deutsche Nationalbewußtsein wieder mit neuem Leben zu erfüllen. Wichtige Wegstation auf diesem Weg: Der Begriff Antifaschismus müsse ersetzt werden durch »Antitotalitarismus«. Warum, erläutert Knütter dem Publikum: Antifaschismus sei nur ein Deckmäntelchen von Sozialisten, die die Gesellschaft nach links hin umpolen wollen. »Nationalsozialismus mit Faschismus gleichzusetzen – das wäre ein Hereinfallen auf die linksextreme Terminologie«, erklärt der Professor. Bildreich und scheinbar wissenschaftlich untermauert, malt Knütter seinen Zuhörern apokalyptische Schrekkensbilder die Augen: Von »bürgerkriegsähnlichen Situationen« in Deutschland spricht er, von einer Kombination der Zustände wie in Belfast und Johannisburg. Zwar sei das bislang »noch beherrschbar« – doch wie lange noch?

Im anschließenden Gespräch feiern Stammtisch-Argumente fröhliche Urständ. Richard von Weizsäcker habe dazu beigetragen, daß heute auch kommunistische Widerständler des 20. Juli Ansehen genießen; eine Vereinigung »Jugend gegen Rassismus in Europa« sei eine trotzkistische Tarnorganisation; Antifaschisten würden rechte Demokraten körperlich attackieren. Die Hannoveraner GFPM-Vorstandsfrau Klaudia Kruck-Schaer beobachtet eine »Vernetzung zwischen der kurdischen PKK, der PDS und dem Antifaschistischen Forum Göttingen«. »Wir sehen das beste Vorbild bei den Linken«, zieht Dieter von Glahn das Fazit: »Wir müssen uns zusammenschließen, dann werden wir mit dem Antifaschismus schon fertig.«

Als Journalist zu diesem denkwürdigen Abend eingeladen, fotografiere ich den Berufsschullehrer und VPM-Mann Tankred Schaer, als er vom Podium aus dem Referenten dankt. Nach der Veranstaltung stürmen mehrere VPMler auf mich los, was ich mir denn einbilden würde, ungefragt zu fotografieren. Wenige Tage später rollt sich ein Anwaltsschreiben aus meinem Faxgerät: Ich soll eine »Unterwerfungserklärung« unterschreiben, daß ich die Fotos nicht veröffentliche, sondern vernichte. 2.000 Mark wären sonst fällig. Als juristisches Argument zitierte der Kölner VPM-Rechtsanwalt ein Urteil, in dem der ehemaligen Freundin von Boris Becker gerichtlich das Recht aufs eigene Bild zugestanden worden war.

Unterschriften scheinen die unbezahlbare Eintrittskarte für Journalisten zu sein, die in das Netzwerk eintauchen, das sich zwischen dem VPM, konservativen politischen Grüppchen und mehr oder minder ernstzunehmenden Figuren am Rande der Kirchen spinnt. Um ein Interview mit dem damaligen VPM-Präsident Ralph Kaiser zu bekommen, sollte ich die »allgemein üblichen strafbewehrten Interviewvereinbarungen« unterschreiben, daß ich meinen »Interviewbeitrag« vor Veröffentlichung vom VPM autorisieren lasse - unter Androhung von DM 20.000 Strafe. Heinz Matthias, der skurrile Vorsitzende des lautstarken »Arbeitskreises Christlicher Publizisten« (ACP), ließ mich zum Interview ins hessische Niedenstein anreisen, um dann eine Unterschrift zu verlangen: Ich solle mich »jeder Wertung des ACP und seines Vorsitzenden« enthalten. Und Dieter von Glahn, Vorsitzender der ins Vereinsregister eingetragenen »Konservativen Sammlung«, wollte ebenfalls DM 20.000 von mir für den Fall, daß ich meinen Beitrag mit Zitaten von ihm vorher nicht autorisieren lasse. Von Glahn kann bereits auf reichhaltige Erfahrungen mit Journalisten und Sekten zurückblicken: 1988 referierte er für eine Gruppe der Mun-Bewegung.

Alle drei »Vorsitzenden« eint neben organisatorischer Zusammenarbeit, daß sie höchstes Unbehagen haben, wenn Journalisten ihnen auf die Finger schauen. Was sie zu verbergen haben, scheint so brisant zu sein, daß es einer Selbstzerstörung gleichkäme, wenn sie eine kritische Berichterstattung über das rechte Polit-Psycho-Netzwerk zuließen. Dabei liegen einige Fäden offen. Sowohl von Glahn als auch Matthias kannten offenbar nach eigenen Angaben meine Recherchen-Korrespondenz mit dem Züricher VPM. Der Informationsdienst des ACP druckt ganzseitige Anzeigen des VPM.

Prozesse ohne Ende

Die Angst vor Aufdeckung der wahren Beweggründe und Ziele führt beim VPM-Umfeld zu einer Prozeßfreudigkeit, die selbst Scientology in den Schatten stellt. Über hundert Prozesse sollen der VPM oder seine Anhänger bereits bestritten haben; allein in einem Prozeß in der Schweiz, der inzwischen durch Vergleich endete, waren 1.500 Zeugen aufgeboten.

In einem Prozeß gegen eine EKD-Informationsschrift über den VPM reisten mehr als zehn Zeugen und Zeuginnen aus der Schweiz nach Hannover an, um die Vorwürfe des kirchlichen Weltanschauungs-Beauftragten Hansjörg Hemminger zu entkräften: daß der VPM streng hierarchisch aufgebaut sei; daß der VPM Kinder von ihren Eltern entfremde; daß die formell eigenständigen VPM-Gruppen in Deutschland Therapiegespräche auf Tonband aufnehmen und zur Auswertung nach Zürich schicken würden. Trotz massiver Zeugenbenennungen verlor der VPM den Prozeß in erster Instanz – und ging in Berufung.

Eine geplante Sektenbroschüre des Bundesministeriums für Frauen und Jugend hat der VPM bereits per einstweiliger Verfügung blokkiert, »die mit einem internen Papier erwirkt worden ist«, wie der Berliner Sektenbeauftragte Thomas Gandow betont. Bereits vor Drucklegung hätte der VPM den Text der Broschüre gekannt. Im Rausch der Möglichkeiten deutscher Rechtsprechung hat der VPM auch gegen ein Buch des Weltanschauungsbeauftragten der Bremischen evangelischen Kirche, Helmut Langel, geklagt. Neben konkreten Stellen wandte sich der Psycho-Verein dagegen, überhaupt in einem Buch mit dem Titel »Destruktive Kulte und Sekten« vorzukommen. »Recht und Gesetz ist eben nicht dasselbe«, meinte dazu resigniert der Programmleiter des betroffenen Verlages »Bonn Aktuell«. 2.000 Restexemplare der Erstauflage des Taschenbuches mußte er einstampfen. »Künftig sehen wir uns genötigt, auf den VPM zu verzichten.«

Christen und die Menschenkenntnis

Während der VPM gegenüber kritischen Kirchenmännern die Zähne fletscht, lassen sich konservative Theologen von der vermeintlichen Wertediskussion einlullen. Großer Fang des VPM auf der Suche nach prominenten Sympathisanten war Georg Huntemann, ein Bremer Theologe, der als Reisender die Freie Evangelische Akademie Basel und die Ev.-theol. Fakultät Leuven (Belgien) mit seinen biblisch-fundamentalistischen Ansichten beliefert. Über die »Revolution der Schamlosigkeit« hat der Bremer auf einem »Mut zur Ethik«-Kongreß ein Hauptreferat gehalten. Dreimal habe Huntemann mit VPM-Leiterin Annemarie Buchholz-Kaiser gesprochen, erzählt er; an ihr und anderen VPMlern könne er »nichts Sektiererisches« entdecken, im Gegenteil: »Sie essen, sie trinken, sie haben Humor ...« Speziell die öffentlichkeitsscheue und Bodyguard-bewachte Buchholz-Kaiser sei »ein offener Mensch, der Humor hat und der kommunikationsfähig ist und der auch harte Sätze hinnimmt, wie ich sie dann von mir gebe, etwa gegen die Emanzipation der Frau, oder daß die Frau dem Mann untertan sein soll ... Als Ethiker freu' ich mich über solche Kongresse«, so Huntemann; und da in der Gesellschaft »Päderastie und Inzest« demnächst erlaubt sein würden, wollte er die Chance nutzen, die Vorzüge der »noachitischen Ethik« zu betonen. Der VPM sei schließlich, wie er selbst, wertekonservativ und vertrete christlich-abendländische Kultur.

Hätte Huntemann auf seinen Kollegen Peter Beyerhaus gehört, hätte er vielleicht seine gute Meinung vom VPM korrigiert. Zwar begrüßte auch der Tübinger Missionswissenschaftler den »ebenso wichtigen wie mutigen Aufklärungsdienst in Bereichen wie der Schweizer Drogenpolitik, der neomarxistischen Konfliktpädagogik, dem Einsatz gruppendynamischer Techniken sowie der pornographischen Verführung von Jugendlichen und Kindern im Zusammenhang mit der staatlich geförderten AIDS-Hilfe«. Doch nachdem Beyerhaus als Moderator eines Mut zur Ethik-Kongresses »Gott« nicht in die Schlußresolution einbringen konnte, klagt er heute: »Der VPM vertritt ein letztlich unbiblisches, nämlich tiefenpsychologisches Menschenbild sowie eine rein humanistische Begründung der Ethik, welche dem biblischen Verständnis der Sündigkeit und Vergebungsbedürftigkeit des Menschen nicht gerecht wird.« »Vielleicht ist meine Überzeugungsarbeit etwas tiefgreifender als die von Peter Beyerhaus«, konterte Huntemann. Vielleicht ist eine Folge davon, daß der VPM sich inzwischen als »naturrechtlich-christlichen Werten unserer Kultur« verpflichtet beschreibt.

Das VPM-nahe Blättchen »Zeit-Fragen« hatte den Bremer Fabrikantensohn Huntemann schon mal vorsorglich mit einem ganzseitigen Abdruck aus seinem Buch »Gottes Gebot oder Chaos - was bringt Europas Zukunft?« ins Gespräch gebracht. Christa Meves, die zum Katholizismus konvertierte Psychagogin aus Uelzen, steht gar in den »Zeit-Fragen« auf der Titelseite. Obwohl die Buchautorin den VPM nicht öffentlich unterstützen würde, fühlt sie sich mit ihm in vielem einig. Nach einem kritischen SPIEGEL-Bericht schrieb sie: »Mir ist zu Ohren gekommen, daß Sie als Sekte verteufelt werden. Aber auf der Liste der Auszustoßenden habe ich im SPIEGEL bereits genauso am Pranger gestanden wie Sie. Und die Mediendiktatur ist ungebrochen! ... Man kann sich nur damit trösten, daß letztlich doch die Wahrheit und nicht die Lüge siegt. Mut zum Durchhalten wünsche ich Ihnen.«

»Die Wertediskussion spielt für die Mitglieder des VPM gar keine Rolle«, meint Pfarrer Thomas Gandow, »die ist nur aufgesetzt, damit der VPM politischen Anschluß gewinnt.« Der ehemalige stellvertretende Bundesvorsitzende der Jungen Union, Udo Schuster, bezeichnete den VPM deswegen als »neue Form von aggressiver Polit-Sekte. Man gibt sich politisch bewußt, scheinbar konservativ, obwohl man ja eigentlich aus einer anarchistischen Ecke kommt, und mit Themen wie Drogen, Familie und Sicherheit versucht man, sich ein konservatives Mäntelchen zu geben und benutzt dann Leute aus dem politischen und kirchlichen Bereich, die einen gewissen Namen haben, als Deckmäntelchen für die eigenen unseriösen Aktivitäten.« Daß der VPM Psycho-Verein seit einigen Jahren zur Polit-Gruppe mutiert mit dem Ziel, möglichst viel Einfluß in der Gesellschaft zu erlangen, bestätigen auch Aussteiger.

Deswegen hat der VPM recht, wenn er sich gegen die Bezeichnung »Sekte« wehrt. Zwar hat das Gericht die Bezeichnung »rechte Psycho-Sekte« erlaubt; zwar erfüllt der VPM viele Kriterien einer Sekte, u.a. Zentrierung auf eine Führungspersönlichkeit, ideologisches geschlossenes Weltbild. Mit seinem ganzen Wirken auch in der Psycho- und Politik-Szene trifft auf den VPM aber besser der Begriff »moderner Psychokult« zu.

Den VPM trotz seiner relativ kleinen Mitgliederzahl in seiner Wirkung zu unterschätzen, wäre sträflich. Denn kaum eine andere Gruppe ist lange Zeit so maßlos und juristisch-aggressiv gegen Kritiker vorgegangen. Ob Zigtausende Flugblätter in Hannover gegen den evangelischen Sektenbeauftragten Wilhelm Knackstedt verteilt werden; ob sich VPMler auf dem Kirchentag »wie eine Horde Wilder« (Udo Schuster) aufführen und »uniformiert« die Veranstaltung stören; ob Sektenpfarrer als »Linksmarxisten« diffamiert werden – dem VPM sind scheinbar alle Mittel recht, um gegen Kritik anzugehen. Kleinkriminelle Vorfälle im VPM-Umfeld, von denen sich der VPM jedoch distanziert, werfen zusätzliches Licht auf die Szene: Da versandte der VPM eine anonym gefälschte Presseerklärung der Evangelischen Zentralstelle für Weltanschauungsfragen, in der deren Mitarbeiter Hansjörg Hemminger diffamiert wurde. Da fand eine Rechtsanwältin, die VPM-Kritiker verteidigt, eine Rinderzunge im Briefkasten und eine Warnung, sich weiter mit dem VPM zu befassen. Und Hugo Stamm, Zürcher Journalist und VPM-Beobachter, wurde nach einem Vortrag zusammengeschlagen. Die Häufung dieser Fälle gibt zu denken – auch wenn der VPM sich davon distanziert.

In der völlig überzogenen und taktisch unklugen Abgrenzung gegen Kritiker scheint sich der VPM am besten beschreiben zu lassen; sie macht auch den Reiz des Vereins aus. »Das ist 'ne Kampfgemeinschaft, darin besteht anscheinend das Faszinosum für Anhänger«, befürchtet Sektenpfarrer Gandow; »sie benehmen sich wie Untergrundkämpfer, haben sich zum Beispiel unter falschem Namen in Veranstaltungen eingeschlichen. Sie trugen unter der Jacke kleine Tonbandgeräte und waren der Meinung, sie würden eine marxistische Verschwörung verhindern. Einmal wies man mir einen Presseausweis des Arbeitskreises Christlicher Publizisten vor. Ich glaube, daß dieses Indianerspiel für manche Aufregung sorgt und dann auch den Gruppenzuammenhalt stärkt.«

Publizisten gegen Weltanschauungsbeauftragte

Trotz dieser Umstände betreiben einige Fundamentalisten wie Heinz Matthias Schulterschluß mit dem Menschenkenner-Verein. »Besondere Beachtung«, schreibt das ACP-Informationsdienst, habe beim »Mut zur Ethik«-Kongreßpublikum ein Bericht des ACP zum Thema »Vorsicht mit dem Begriff Sekte« gefunden. Kein Wunder: Die VPMler hatten einen Mitstreiter gefunden in der Diffamierung der Bundestags-Enquete-Kommission »Sogenannte Sekten und Psychogruppen«. Besonders die kirchlichen Weltanschauungsbeauftragten, die über den VPM oder radikal-pfingstlerische Gruppen informieren, nimmt der ACP ins Visier. Schnell droht der ACP mit juristischen Schritten.

Doch nicht nur mit juristischen Mitteln geht der ACP gegen die freie Meinungsäußerung vor. Nachdem der Stuttgarter kirchliche Weltanschauungsbeauftragte Hansjörg Hemminger eine Pressemitteilung mit dem Titel »ACP täuscht seine Leser« herausgegeben hatte, bekam er seltsamen Besuch. Als er nach Hause in sein Dorf kam, berichtet Hemminger, sei Heinz Matthias auf seinem Grundstück umhergegangen. »Der wollte hier herumschnüffeln«, vermutet Hemminger. Kurz darauf erschien auf der dritten Seite der ACP-Zeitschrift ein Foto von Hemmingers Privathaus, im Text wird seine vollständige Anschrift mitgeteilt. Das fotografische Umfeld der Seite: ein evangelisch-lutherischer Bischof, Papst Johanns Paul II. mit Schneemütze und Heinz Matthias beim Referat vor dem Kongreß »Mut zur Ethik« 1998. Zu vermuten ist, daß Matthias seinen verbalen Verleumdungsmethoden gegen Hemminger nun fotografische Drohgebärden folgen läßt. Denkbar ist auch, daß Hemminger auf diese Weise verunsichert werden soll, denn nun kennen die über seine Kritik aufgebrachten ACP- und VPM-Mitglieder seinen privaten Wohnsitz. Die latente Aggressivität, die sich in den ACP-Leserbriefspalten findet, gibt tatsächlich Anlaß zur Sorge.

Die aufdringliche Art Heinz Matthias' ist vielen bekannt - seit Jahren. Nachdem Matthias den ehemaligen Arbeitgeberpräsident Esser um ein Interview gebeten hatte, recherchierten dessen Mitarbeiter. Sie kamen zu dem Schluß: »Die uns vorliegenden Erkenntnisse haben ergeben, daß es sich bei diesem Arbeitskreis um eine - in kirchlichen bzw. freikirchlichen Kreisen äußerst umstrittene - private Unternehmung des besagten Herrn Matthias handelt, der dieser lediglich den kosmetischen Anstrich einer halboffiziellen Institution zu verleihen verstanden hat. Es ist zu bemerken, daß in der Vergangenheit bereits zahlreiche Persönlichkeiten erster und zweiter Garnitur (darunter Herr Ministerpräsident Albrecht, NDR-Intendant Räuker, Herr Ministerpräsident a. D. Filbinger usw.) auf den Leim gegangen sind.« Der Bundesverband der Deutschen Arbeitgeberverbände resümierte: Der ACP »muß wohl als anrüchig bezeichnet werden«. Über die ACP-Nähe des NDR-Intendanten Friedrich Wilhelm Räuker amüsierte sich denn auch der »evangelische Pressedienst« (epd). Der Vorgang: Heinz Matthias hatte sich auf ACP-Briefpapier beim NDR-Intendanten Räuker über das in den ARD-Nachrichtensendungen »Tagesschau« und »Tagesthemen« linke »(Des-)Informationsbündel« und über den »Mißbrauch der Freiheit in der Informationsauswahl« beschwert. Auf lange Strecken meine man, so Matthias, »die Monotonie der ›Aktuellen Kamera‹ hätte Sendezeit des NDR angemietet«. Falls sich daran nichts ändere, wolle der ACP den Rundfunkrat anrufen. In der Fußzeile des ACP-Beschwerdebriefes stand auch eben jener Adressat, NDR-Intendant Räuker. »Also muß man wohl davon ausgehen«, so der spitze Kommentar des epd, »daß Matthias auch im Namen des Intendanten an den Intendanten geschrieben habe. Kapiert?«

Den Chefredakteur einer rheinischen Kirchenzeitung verleitete das Wirken des Heinz Matthias zu dem Kommentar: »Jener Herr Matthias ist ein prominentensüchtiger Typ, der in einigen Funkhäusern unserer Republik inzwischen Hausverbot hat.«

Schon 1973 warnte der ARD-Geschäftsführer in einem Rundbrief vor Matthias mit den wohlausgewogenen Formulierungen, »daß es sich bei diesem Herrn um einen besonders unbedarften und lästigen Menschen handelt. Möge Gott daher, der es in seiner Güte und Allmacht zugelassen hat, daß eine Vielzahl christlicher Organisationen unter seinem Namen handeln und sich dabei sogar des Herrn Matthias bedienen, auch Ihnen Kraft verleihen, das Zusammentreffen mit diesem

Menschen ohne größeren Schaden zu überstehen. Falls Sie dieses Risiko nicht eingehen wollen, empfehle ich, den Umgang mit ihm auf die Pressestelle zu beschränken, die so etwas von Amts wegen tun muß.«

Um so erschreckender ist, daß auch seriöse kirchliche Vertreter immer noch auf den ACP hereinfallen und ihm durch ihre Präsenz zu Wirkung verhelfen. Zum Beispiel der Chefredakteur der Katholischen Nachrichtenagentur, Helmut S. Ruppert. Auf einer ACP-Bundestagung bemängelte der Journalist, daß die Kirche sich zu lautlos in die Gesellschaft einmische. Den Bischof der evangelischen Landeskirche von Kurhessen-Waldeck (EKKW), Prof. Christian Zippert, kann Heinz Matthias immer wieder als Gastredner begrüßen. Im Herbst 1998 ließ sich der Bischof sogar eine »Respektzuweisung« des ACP aushändigen – und das, obwohl der Weltanschauungsbeauftragte der EKKW, Eduard Trenkel, außergewöhnlich gut über die Arbeitsweise des ACP informiert ist. Heinz Matthias würdigte Zipperts »Interesse für überkonfessionelle und freie christliche Werke«, berichtete idea.

Daß »idea« in seinem Nachrichtenteil den ACP überhaupt für zitabel erachtet, ist wohl in einer teilweisen Überschneidung der Klientel begründet: ACP-nahe Männer wie Georg Huntemann, der ehemalige Journalist Gerhard Löwenthal und die Professoren Konrad Löw und Günter Rohrmoser zählen auch im seriös-evangelikalen Umfeld zu angesehenen Persönlichkeiten. Warum sich idea hingegen nicht vom ACP distanziert, ist um so erstaunlicher, als idea-Chefredakteur Helmut Matthies sogar Verwechslungen mit seinem (Fast-)Namensbruder Heinz Matthias hinnehmen muß. So wird Matthies in einem Buch über »Sodom und Gomorrha heute« als »Vorsitzender des ACP« tituliert. Seltsam ist auch, daß Matthies sich in diesem Punkt scheinbar nicht von der Konferenz Evangelikaler Publizisten (kep) beraten läßt, die sich »nicht mehr öffentlich« zum ACP äußert. »Jede Zeile dazu ist mir zu schade«, erklärt kep-Leiter Wolfgang Baake, »leid tun mir einige Personen, die ihren guten Namen dafür hergeben.«

Literatur

Ingolf Efler/Holger Reile (Hg.): VPM – Die Psychosekte, Reinbek 1995

Hans-Walter Jungen: Universelles Leben – Die Prophetin und ihr Management, Augsburg 1996

Frank Nordhausen / Liane von Billerbeck: Psycho-Sekten. Die Praktiken der Seelenfänger, Berlin 1997

Hugo Stamm: VPM – Die Seelenfalle. »Psychologische Menschenkenntnis« als Heilsprogramm, Zürich 1994

Zukunft sanfter Fundamentalismus – praktisch:

Kuschelrock statt Kirchenkampf

Selig sind die Sanftmütigen;
denn sie werden das Erdreich besitzen.
Matthäus 5,5

Kann es das geben: sanften Fundamentalismus, der Gottes Wort nicht als Waffe gegen Andersdenkende und Andersgläubige benutzt? Nach der anfangs genannten Definition ginge das nicht: Danach zeichnen sich Fundamentalisten aus durch herzlose Eiferei, verengte Wirklichkeitswahrnehmung und Anmaßung, den eigenen Glauben zum Willen Gottes zu erklären. Ein Fundamentalist kann demnach nicht anders als sich aus der Abgrenzung zu definieren.

Dennoch läßt sich ein Phänomen beobachten, das der Begriff »Generationswechsel« nur teilweise erklärt. Die »alte Garde« der christlichen Fundamentalisten, von denen viele in den vorherigen Kapiteln dieses Buches beschrieben wurden, gerät in die Defensive. Junge Christen rücken nach. Und nur wenige übernehmen die gesetzliche Haltung von ihren »Glaubensvätern«. Die fundamentalistische Szene scheint sich aufzuspalten in tolerantere und weiterhin engstirnige Fraktionen. Schon an der Ausrichtung auf Jugendliche läßt sich ablesen, daß es den »neuen Fundamentalisten« um etwas wirklich Neues geht.

Techno und Schmusehits

Techno in der Kirche? Während sich volkskirchliche Befürworter und Gegner streiten, lachen die dritten. Und die gehören merkwürdigerweise zu jenen, die als konservativ verschrien sind: die Evangelikalen. »Prophecy of Panic« und »Prodigal Sons«: CDs dieser Bands gelten als Geheimtip in der bekennenden Jugendszene. Mit 160 beats per Minute versuchen sie, das Evangelium zu verkünden.

Daß sie mit ihrem »ziemlich harten Techno« auch weltliche Hitparaden erklimmen, ist nahezu ausgeschlossen. »Kein MTV, kein Viva – ohne Medien kann man sowas nicht im großen Maßstab verkaufen«, meint der PR-Mann bei Deutschlands größter christlicher Plattengesellschaft PILA. Die Firma aus dem schwäbischen Dettenhausen ist Trendsetter für die Musikkultur der christlichen Jugend. Sie kann sich rühmen, als erste christliche Teenies als Zielgruppe entdeckt zu haben. Ihre Käuferschar sind Jugendliche, die zwar auch ganz normale Musik mögen - aber statt »Ich will Spaß«-Ideologie den christlichen Glauben in ihren Songs finden wollen. Geschickt verstehen es US-Stars und ihre deutschen Importfirmen, jeden Trend in der normalen Jugendszene zu christianisieren. »Grunge« und »Rap«, »HipHop« und »Heavy Metal« - jede Stilrichtung wird mit Glaubenstexten garniert: Eintrittskarte für den Einlaß in die Teenie-Zimmer evangelikaler Elternhäuser. Was bei den Rolling Stones als anrüchig gelten würde, Christenbands dürfen alles: »The Last Prostitute« ist der Titel einer CD der holländischen Trash-Band »Decision D.«, geschmückt mit einer blonden Schönheit in zerfetzten Kleidern. »Krönung sind die Texte«, schwärmt der Werbekatalog, »die teilweise wörtlich aus der Bibel entnommen sind.«

Auch das Kuschelbedürfnis ihrer jungen Klientel bedienen christliche Plattenfirmen neuerdings. »Romantic Rock« heißt eine erfolgreiche CD-Serie, die Softsongs zum Schmusen liefert. Jeansbejackte Jünglinge kommen auf den Cover-Blättern blütenweißgekleideten Mädels nahe - fotogene Stimulationen, unverhohlen der BRAVO-Kultur nachempfunden. Sechs »Romantic Rock«-Glitzerscheiben verkaufen sich prächtig. Die Nachfolgeserie nennt sich »Feel it« und versucht mit Gospels, Jugendliche nicht nur in religiöse Wallung zu bringen.

Wartet wahre Liebe wirklich?

Daß diese Zusammenstellungen zu den beliebtesten der Szene gehören, ist kein Wunder. Denn Sexualität gehört zu den Reizthemen auch evangelikaler Pubertierender. Sie in enthaltsame Bahnen zu lenken, bemühte sich die »Wahre Liebe wartet« (s.o.). Die Keuschheits-Initiative hat auf andere Weise Erfolg gehabt als gedacht: Evangelikale Jugendverbände mußten sich schneller als gewünscht Gedanken machen, wie ihre Teens mit dem Thema Sex verantwortlich umgehen könnten. Denn der schlagzeilenträchtigen US-Aktion stehen viele jüngere Evangelikale eher skeptisch gegenüber. »Bei Jugendlichen kann sehr leicht die Botschaft ankommen: Sexualität vor der Ehe ist schmutzig«, meint ein Jugendbeauftragter der Deutschen Evangelischen Allianz und fragt: »Was ist mit denen, die trotz Verpflichtung nicht mit ihrer Sexualität klarkommen?« »Wir halten Seelsorge für den besseren Ort, um Lebensentscheidungen vor Gott festzumachen«, erklärt der Jugendwart des Baptisten-Bundes evangelisch-freikirchlicher Gemeinden. Aus der forschen Forderung nach vorehelicher Enthaltsamkeit wird in einer Broschüre der Baptisten eine lange Formulierung: »Wir laden ein, für sich selbst eine Entscheidung zu treffen und mit dem Geschlechtsverkehr bis zum Beginn einer verbindlichen, auf Dauer angelegten Partnerschaft zu warten, wie sie Gott mit der Ehe schenkt«, heißt es darin. »Immer mehr christliche Jugendliche heiraten immer früher«, beobachtet der Hamburger CVJM und fragt: »Vielleicht die einfachste Art, das Warten zu verkürzen?«

Naturtyp sucht gläubige Sie

In jedem Fall ist das christliche Kuschelrock-Phänomen ein Signal dafür, daß sich die evangelikale Sexualmoral den Bedürfnissen von Jugendlichen vorsichtig annähert. Zu groß sind die Verletzungen, von denen evangelikal aufgewachsene Menschen berichten. Daß sie mit ihren Problemen nicht im Regen stehen bleiben, verdanken sie einer weiteren vor Jahren undenkbaren Konstellation: der Verschwisterung von evangelikaler Seelsorge und Psychotherapie. »Biblisch-therapeutische Seelsorge« gilt in der evangelikalen Szene als Garant für gläubige Lösung seelischer Probleme. Gesprächskreise und Seminare zu Fragen der Sexualität werden allerorten angeboten. In Kleinanzeigen suchen »bekennende Christen« in offener Form Partner und Partnerinnen. Zum Beispiel in »dran«, dem erfolgreichen Flaggschiff der neuen Generation evangelikaler Zeitschriften für junge Leute. Unter den Lesern sucht ein »klassischer sportlicher Naturtyp« ein »gestandes Vollblutweib«. »Christin, 28«, erhofft sich ein »Gegenüber ohne Berührungsängste«, und ein »fliegender Teppich« wünscht sich jemanden »für alles, was allein nur halb so schön ist«. Ein Narr, wer nichts Schlimmes dabei denkt. In »dran« bekennt ein junger Mann freimütig: »Ich war sexsüchtig!« Die Ehrlichkeit des Mannes besticht: Nachdem der gläubige Christ Pornokinos konsultierte, hielt er Andachten im Jugendkreis. Nicht eine Bekehrung beendete sein Doppelleben, sondern Psychotherapie. Das muß auf fundamentalistische Glaubenswächter der alten Tradition wie eine Kampfansage wirken. Es sei kein Fortschritt, kommentiert der Krelinger Pastor Wilfried Reuter, »den frommen Menschen ... als jemanden zu therapieren, der einen neurotischen Rückfall in ›infantile Hilflosigkeit‹ zu überwinden habe.« Das Ergebnis einer US-Studie führt

Reuter an, um Psychotherapie zu diffamieren. Regelmäßige Kirchgänger seien demnach geistig frischer, deutlich gesünder und weniger depressiv als jene Altersgenossen, die nicht die Kirche besuchen würden. Reuters Fazit: »Wir müssen aus der Enge der seelenärztlichen Gurus wieder heraus in die Weite der Geborgenheit Gottes.«

Reuters Kommentar wirkt wie ein verzweifeltes Aufbäumen gegenüber jenen »neuen« Evangelikalen, die das Gegenteil erfahren haben: daß eben nicht alle Probleme durch Kirchgang oder missionarisch orientierte Seelsorge aus der Welt zu schaffen sind.

Auch Verklemmtheit scheint im Lager der neuen bekennenden Christen zu den aussterbenden Verhaltensmustern zu gehören. Für die evangelikale Jugend ist diese Entwicklung ein riesiger Fortschritt, an der sich selbst die Jüngsten ergötzen können. »Teens« heißt das christliche Pendant zu »BRAVO«. »Teens« widmet sich offen den Themen, die 13 bis 17jährigen auf der Zunge liegen. »Wir nehmen die Lebenswirklichkeit frommer Teenager ernst«, erklärt Redakteurin Anja Gundlach. Mode, Musikmarkt, Magersucht: »Teens« widmet sich nicht nur frommen Themen. Das Konzept geht auf, das Magazin hat eine Marktnische gefunden. Die Redakteurin führt den Erfolg unter anderem darauf zurück, »daß nicht alles sofort christlich gewertet wird«.

Daß Bibelarbeiten und Zeltevangelisationen kaum noch glaubensferne Jugendliche aus den Discos holen, ist vielen Fundamentalisten der alten Schule zur bitteren Lehre geworden. »Über große Programme erreichen wir nicht viel in der Jugendarbeit«, meint ein Baptistenpastor. »Ich kann nicht mehr sagen: ›Komm in meine Gruppe, wo wir schöne, brave Lieder singen‹, sondern ich muß zu ihm hingehen. Ich muß in seine Welt kommen, seine Probleme verstehen lernen, anstatt mein Programm anbringen zu wollen.« Hauruck-Bekehrung ist in der evangelikalen Jugendarbeit immer weniger angesagt. »Das beste missionarische Mittel ist eine vorbildliche Persönlichkeit«, meint der Pastor, »ich gewinne das Vertrauen des anderen, indem ich ihm Einblick in mein Leben gebe.«

Mission ohne Holzhammer

Um aus dem Insider-Gekungel herauszukommen, gehen viele freikirchliche Gemeinden neue Wege. Traktatmission ist out. »Engel – gibt es die?« fragte eine Jugendgruppe der Holzmindener Baptisten mitten in der Einkaufszone. Ein weißgekleidetes Pummelchen mit Lyra lockte viele Menschen an. »Ich war erstaunt, wie viele Passanten zum Gespräch bereit waren«, erklärt Pastor Thomas Eichin. Sein Hamburger Amtsbruder Carsten Hokema geht noch andere Wege. »Tag für Tag saßen Jugendliche auf unseren Treppenstufen«, erzäht er, »dreizehn bis sechzehnjährige Kinder, die tagsüber durch die Straßen streunen.« Also öffnete er die Kirche, stellte Kicker und Billard zur Verfügung – und freut sich seit zwei Monaten über eine neue Jugendgruppe, die »Treppenkids«. »Mit dem missionarischen Holzhammer kommen wir denen nicht«, meint Hokema. »Die Kids sind für uns keine Missionsobjekte. Wenn sie Gemeinde als Ort der Geborgenheit empfinden, ist schon viel erreicht.« Statt die Satellitenevangelisation »ProChrist« zu promoten, praktiziert Hokema »projektbezogene Jugendarbeit«. »Die Erfahrungen sind großartig«, freut sich der Theologe. Ganz Hamburg kann sie sehen. An einer der meistbefahrensten S-Bahn-Strecken sorgt die Sprühgruppe seiner Gemeinde für Graffiti-Denkanstöße. Eine zur ChurchCard gewordene BahnCard zum Beispiel, »gültig bis in alle Ewigkeit«. Oder eine Persiflage auf das gegenüberliegende Musicaltheater »Phantom der Oper«: »Jesus – kein Phantom, sondern Realität. Nächste Vorstellung Sonntag 10 Uhr.« Die Musical-Stars hat das christliche Gegenüber animiert. Inzwischen geben sie Benefiz-Konzerte zugunsten der Bosnienhilfe. »So proppenvoll ist es sonst selten bei uns«, schwärmt Hokema. Und erzählt von einigen Besuchern, die danach sogar im Gottesdienst erscheinen.

Selbst Politik ist in vielen evangelikalen Jugendkreisen kein Tabu mehr. Der Vorwurf, sie entzögen sich mit Hilfe ihres privaten Glaubens dem aktuellen Tagesgeschehen, trifft auf viele nicht mehr zu. Zwar wandern auch viele Jugendliche auf »Jesusmärschen« mit, um bestimmte Landstriche von »dämonischen Kräften« zu befreien. Doch daß selbst der pietistische Jugendverband »Entschieden für Christus« (EC) Unterschriften gegen Atomversuche sammelte, ist ein Zeichen für wachsenden Wirklichkeitsbezug frommer Kreise. Das Gebet gilt nicht mehr als einzige Möglichkeit, die Wirklichkeit zu beeinflussen.

Mit Rap Jesus folgen

Das »Christival« im Mai 1996 versuchte, diese Tendenz zu festigen. »Komm, folge Jesus« hat sich der »Kongreß junger Christen« zum Motto gemacht. Waren bei den Christivals in Essen (1976) und Nürnberg (1988) noch evangelikale Macher tonangebend, sind es jetzt eher charismatisch geprägte Kreise. »Christival möchte Antworten geben, wie man untereinander und mit Jesus Freundschaft schließen und ihm praktisch nachfolgen kann«, meint Christival-Vorsitzender Roland Werner. 30.000 Jugendliche folgten der Einladung des Christivals - doppelt so viele, wie die Veranstalter erwartet hatten. Die Bandbreite der Besucher war selbst für Kircheninsider beachtlich: Vom adrett gekleideten Jugendlichen bis zum punkigen »Jesus-Freak«, vom nüchternen Evangelikalen bis zum enthusiastischen Charismatiker waren sämtliche Schattierungen des fundamentalistisch-frommen Lagers der deutschen Christenheit anzutreffen.

Was sie alle angelockt hat? Einige sicherlich die Möglichkeit, glaubensferne Sachsen zu missionieren. Die meisten dürften jedoch durch das schmissige, einladende Image der Vorbereitung überzeugt worden sein. Nur noch wenig war von der verknöcherten Frömmigkeit vergangener evangelikaler Jugendtreffen zu spüren. In Dresden wehte nicht mehr der Mief der Zeltmission, sondern ein Geist des Gesprächs. Statt platter Straßenmission weckten phantasievolle Aktionen Neugier. Da wurden unter dem Motto »Let's tropf together« 600 Liter Blut für Aids-Kranke in Simbabwe gespendet. Legosteine, Zeichen vergangener Kindheitstage, wurden zu einem Kunstwerk verbaut und an Kinder in Osteuropa verschickt. Und am Ende feierten alle zusammen im Fußballstadion einen Gottesdienst.

Scharfe Zungen behaupten: Alte Moral in neuem Gewand. Immer noch sei das höchste Ziel aller Bemühungen, Menschen zu einem schlagwortfesten Glauben zu führen, statt zur Freiheit des Evangeliums zu rufen. Markig forderte denn auch Roland Werner zur »Jesus-Revolution« auf. Jesus sei eben nicht totzukriegen, freute er sich beim Abschlußgottesdienst. Durch das Christival ist der Doktor der Afrikanistik zu einer neuen Führungsfigur der evangelikalen Szene aufgebaut worden.

Ob Schein oder Sein, das Christival '96 war ein deutliches Zeichen dafür, daß sich etwas ändert im fundamentalistischen Lager. Denn eines ist den erwachsenen frommen Wortführern genauso klar wie den volkskirchlich liberalen Vertretern: Läuft die Jugend weg, wird Kirche zum Seniorenclub. Und Jugend - das ist eine kühle soziologische Beobachtung, die selbst die frömmsten Missionare nicht mehr übersehen -, ist nicht mit erhobenem Zeigefinger, sondern nur mit offenen Armen zu gewinnen.

Was die neuen Fundamentalisten dann überhaupt noch von den Volkskirchlern unterscheidet? Die Erfahrung. Denn das haben die Frommen den Volkskirchen nun mal voraus: Daß Glaube mit Fröhlichkeit, mit Tanz, Spiel und Gesang zu tun hat, das ist in vielen neu-evangelikalen Kreisen nicht nur Predigt, sondern Praxis. Sie verstehen es, den Jugendlichen »Kick, Fun und Thrill« zu vermitteln, und nehmen so trotz ihrer strengen Moral auf paradoxe Weise mehr Jugendwirklichkeit auf als die allermeisten volkskirchlichen Gemeinden.

Denen bleibt es dann überlassen, die Jugendlichen von ihren frommen Schwebe-Erlebnissen auf den Boden des Alltags zurückzuholen. Keine schlechte Arbeitsteilung eigentlich – solange die Jugendlichen dann nicht vom himmelhochjauchzenden Gefühl zu Tode betrübt werden.

Literatur

Klaus Douglass u.a.: Ein Traum von Kirche, Asslar 1998

Jürgen Fliege: Kirchenbeben. 150 Schritte aus der Kirchenkrise, Düsseldorf 1997

Matthias Kroeger: Die Notwendigkeit der unakzeptablen Kirche, München 1997

Zukunft sanfter Fundamentalismus – theologisch:

Wie aus Waffen Pflugscharen werden

Da werden sie ihre Schwerter zu Pflugscharen
und ihre Spieße zu Sicheln machen.
Denn es wird kein Volk wider das andere das Schwert erheben,
und sie werden hinfort nicht mehr lernen, Krieg zu führen.
Jesaja 2,4

»Jeder Christ ist Fundamentalist«, antworten konservative Evangelikale oder Charismatiker gerne, wenn sie das Etikett Fundamentalismus verpaßt bekommen. Meist haben sie mit dieser Retourkutsche unrecht. Denn wer sie in diese Schublade steckt, meint die populäre Bedeutung des Begriffes – also: Dogmatismus, Engstirnigkeit, Moralismus, Absolutheitsanspruch und meist Aggressionspotential. Möglichkeiten gäbe es, den Begriff Fundamentalismus durch Ausweitung oder Umdefinition zu rehabilitieren.

In gewisser Weise jedoch haben die sich rechtfertigenden Evangelikalen trotzdem recht: An sich müßte jeder Christ Fundamentalist sein – in dem Sinne, daß er sein Leben auf Grundprinzipien aufbaut. Im Leben eines Christen wären das die Bibel, die jeweils eigene kirchliche Tradition und der Glaube. Anders als die in diesem Buch vorgestellten Fundamentalisten haben die liberalen Christen jedoch andere Fundamente aus der Bibel abgeleitet. Ihr Prinzip besteht nicht im Buchstabenglauben, sondern – zum Beispiel – in der Freiheit. Daß die Früchte des Glaubens nie Intoleranz, Unfriede, Ausgrenzung und Richtgeist sind, ist ihre Überzeugung. Statt unbarmherzig mit aus der Bibel herausgefilterten Moralvorschriften zu hantieren, gilt ihnen Barmherzigkeit und Menschenliebe mehr. Sie funktionieren die Bibel nicht zum Schwert um, sondern schmieden, wie der Prophet Micha es fordert, die Schwerter zu Pflugscharen um.

So wie viele fundamentalistischen Gedanken und Star-Prediger aus den USA oder England in die deutsche Szene importiert werden, so bringen auch tolerante Fundamentalisten ihre Botschaft nach Deutschland. Einer ihrer Vorreiter ist J. Andrew Kirk. Der fromme Christ tritt dafür ein, unreligiös zu werden. »Der erste Schritt, nach dem Bilde Jesu wirklich menschlich zu werden, besteht darin, die

Religion zu verabschieden«, meint Kirk. In seinem Buch »Wahrheit im Angebot« begründet der mutige Theologe aus England, warum ein Christ so religionsfeindlich eingestellt sein kann – warum er es sogar sein sollte.

Kirk unterrichtet an den renommierten »Selly Oak Colleges«, einer christlichen Vordenkerschule in der multikulturellen Vorzeigestadt Birmingham, an der einst der Konfessionsexperte Walter J. Hollenweger seine »interkulturelle Theologie« entwickelte und praktizierte.

Um so erstaunlicher erscheint die Auffassung des dialog-erprobten Kirk: Die Wahrheit sei ganz klar nur an einer Stelle zu entdecken und zu greifen: und zwar in der Person Jesu Christi. Und der Glaube an ihn sollte nicht viel mit Religion zu tun haben. Im Gegenteil: »Religion bewegt sich stets auf dem Rand der Klippe, die über den Abgrund des Götzendienstes ragt. Die Geschichte ist voll von Beispielen, bei denen Religionen und Sekten immer wieder ein falsches Bild von Gott gezeichnet haben, dem sie dann gefolgt sind.«

Nicht nur mit jeder Art von Religion geht Kirk hart ins Gericht. Auch den Pluralismus entlarvt er als Geisteshaltung, die gar nicht so tolerant ist, wie sie sich gibt. Schließlich erhebe sie die Prämisse der Gleichwertigkeit aller religiöser und ideologischer Gebäude zum Dogma.

Das hört sich strenger an, als es gemeint ist. Kirk ist kein frommer Don Quichote, der gegen die plurale Gesellschaft anzukämpfen meint. Das zeigt sich zum Beispiel daran, daß er zwar den Pluralismus, nicht aber die Pluralität verteufelt – eine Differenzierung, die vielen fundamentalistischen Autoren hierzulande fremd zu sein scheint. »Pluralität basiert auf dem Recht des einzelnen auf Freiheit von jedem manipulativen Druck, sich nach den Meinungen oder Sitten anderer zu richten. So hat sie nicht nur einen pragmatischen Wert, sondern sie stellt Werte dar, die mit dem Kern des christlichen Evangeliums zu tun haben.«

Viele Christen, die sich in das interreligiöse Gespräch begeben, können wahrscheinlich Kirks Erfahrung nachvollziehen: »Im Dialog zwischen verschiedenen religiösen Traditionen ist die letzte Wahrheit keine Größe, die als Verhandlungsmasse für die Schaffung harmonischer Beziehungen zur Disposition steht. Wir können viel bedeutungsvollere und tragfähigere Beziehungen bauen, wenn wir darum kämpfen müssen, Ansichten zu verstehen und schätzen zu lernen, die stark von unserer eigenen Überzeugung abweichen.«

Die großen Kirchen, wen wundert es, stehen Kirks Meinung nach dem Glauben selbst oft im Weg. Denn sie hätten den christlichen Glauben zur Religion gemacht, sie hätten die lebendige Begegnung mit Gott umgemünzt in institutionalisierte Rituale. Sogar Atheisten hätten das erkannt und könnten in gewisser Weise Verbündete der Christen im Kampf gegen das Opium der Religion sein. Christen könnten mit Karl Marx, Friedrich Nietzsche und Sigmund Freud gemeinsam gegen die Versuchung der Religion ankämpfen. »Vielleicht sind Atheisten näher am Reich Gottes als jene, die mit vagen, oberflächlichen Glaubensinhalten zufrieden sind.«

Kirks Ansatz ist keineswegs destruktiv; er zeigt auf, wie sich Christen in angemessener Weise zusammenfinden können, um ihren Glauben in Gemeinschaft zu leben: in Basisgemeinden, so wie sie in den Nischen der Großkirchen bereits in Ländern der Dritten Welt und auch in Europa existieren. Ihre Kennzeichen: eine Leitung, die aus der Gemeinde erwachsen ist; wenige Mitglieder; Gottesdienste nicht in Kirchengebäuden, sondern in Räumen des Alltags, um frei zu sein von der Sorge um den Erhalt von Immobilien.

Wer wie Kirk einen qualitativen Unterschied zwischen der Botschaft Jesu Christi und den Religionen der Welt sieht, muß nicht in einen Wettstreit um die »bessere« Religion eintreten. Sondern kann sich ganz darauf beschränken, mit der angemessenen Bescheidenheit die Botschaft Christi in die Tat umzusetzen: »In Wort und Tat verkündete und zeigte Jesus Christus eine grundlegende Befreiung von jedem repressiven Zug der Religion. Das ist es, was ihn noch stärker als sein besonderes Eintreten für die Armen und Unterdrückten oder seine kritische, ablehnende Haltung gegen den politischen Machtwillen zu einer einzigartigen und radikalen Gestalt macht.«

Kirk hat eine ernstzunehmende Vision für eine Welt, in der weniger Toleranz als starrköpfiger Fundamentalismus regieren wird – auch in christlichen Kirchen. Erfüllt sich Kirks Vorstellung, muß das nicht in Kriegen und totalitären Missionstrategien enden. Christen könnten – auch wenn sie fundamentalistisch glauben – ein tolerantes und unersetzliches Salz der Erde werden. Weil sie im Meer der Beliebigkeit nicht untergehen, sondern liebevoll aber bestimmt Position zeigen – und auch danach leben.

Literatur

J. Andrew Kirk: Wahrheit im Angebot. Religion als Droge und als Befreiung, Gießen 1995

Ronald J. Sider: Die Jesus-Strategie, Moers 1997

Jim Wallis: Bekehrung zum Leben. Nachfolge im Atomzeitalter, Moers 1983

Anhang

Literatur

Zu den einzelnen Themen dieses Buches finden Sie am Ende jedes Kapitels Angaben sowohl über die zitierte als auch weiterführende Literatur.

Wer sich dem Thema literarisch nähern möchte, sei auf folgende Romane / Essays hingewiesen:

Atwood, Margaret: Der Report der Magd, Frankfurt/Main 1989

Chesterton, Gilbert K.: Ketzer. Eine Verteidigung der Orthodoxie gegen ihre Verächter, Frankfurt/Main 1998

Gaddis, William: Die Erlöser, Reinbek

Lewis, Sinclair: Der Gottsucher, Frankfurt/Main 1952

Knauf, Sybille: Die Missionarin, Frankfurt/Main 1997

Moore, Brian: Katholiken, Zürich 1978

Singer, Isaac Bashevis: Der Büßer, Frankfurt/Main 1988

Updike, John: Das Gottesprogramm, Reinbek 1988

Updike, John: Gott und die Wilmots, Reinbek 1998

Folgende Zeitschriften und Publikationen berichten über die Entwicklungen in der christlich-fundamentalistischen Szene:

Aufatmen (Bundes-Verlag Witten)

Berliner Dialog (Wichern Verlag Berlin)

dran - das Magazin zum Selberglauben (Bundes-Verlag Witten)

family (Bundes-Verlag Witten)

idea spektrum (Wetzlar)

Junge Kirche. Zeitschrift europäischer Christinnen und Christen (Bremen)

Kreuz & Quer (TVT-Verlag Tübingen)

Materialdienst der Evangelischen Zentralstelle für Weltanschauungsfragen (Quell Verlag Stuttgart)

Publik-Forum. Zeitschrift kritischer Christen (Oberursel)

unterwegs. Glaube - Evangelium - Politik (Wuppertal)

Beratung

Sollten Sie Informationen über bestimmte Gruppen aus dem christlich-fundamentalistischen Spektrum suchen, sich über Selbsthilfeinitiativen informieren wollen oder psychologische Hilfe benötigen, können Sie Anschriften von kompetenten Stellen in Ihrer Region erfragen bei der

Evangelischen Zentralstelle für Weltanschauungsfragen (EZW)
Auguststr. 80
10117 Berlin
Telefon 030 / 28395 - 211
Fax 030 / 28395 - 212
Internet: http://www.ekd.de/ezw

oder bei der

Katholischen Sozialethischen Arbeitsstelle
Ostenallee 80
59071 Hamm
Telefon 02381 / 9802050
Fax 02381 / 9802099

Beratung Sekten und christlicher Fundamentalismus e.V.
Christine Wallem
Eulerweg 2
63437 Griesheim
Telefon 06155 / 63391
Internet: http://members.aol.com/chiguay

Register

Dank

Meinen vielen Gesprächspartnerinnen und -partnern in Seminaren, Diskussionen, Vorträgen, beim Kirchentag – vor allem: dem Verhaltenswissenschaftler und Menschenkenner Hansjörg Hemminger, Birgit Locnikar für Auskunft über ihre Vergangenheit und Thomas Gandow für die stets hilfreiche Heimat.

Kolleginnen und Kollegen, (christliche) Publizisten mit Stil und Courage, ohne die ein »Freier« halb so frei wäre: Frank Kürschner-Pelkmann (für seine Recherchen in Sachen Ostmission und Apostel Bonnke), Andreas Malessa (der weiß, wie mann's auf die Reihe kriegt), Hugo Stamm, unerschrockener VPM- und Apokalypse-Spezi (Zürcher Tages-Anzeiger) und dem teufelsleiderfahrenen Peter Rosien (Publik-Forum).

Und denen, die mich während des Schreibens unterstützt haben: meiner Familie, Lektorin Heike Neumann für Geduld und Kompetenz, Kurt Darms für die geniale Theorie der gesicherten Drohung, dem Beveraner Gospelchor für die himmlische Ablenkung.

Auch den Fundamentalisten gebührt Dank. Denn sie haben meinen Glauben geprägt. Aber nicht so, wie sie's wollten.

Sie möchten mir etwas mitteilen? Schreiben Sie an das Gütersloher Verlagshaus (Lektorat GL 3), Postfach 450, 33311 Gütersloh. Oder schicken Sie eine e-mail direkt an uwe@birnstein.de

So will ich nun hiermit dies Buch beschließen. (...)
Wenn es gut gelungen und geschickt geordnet ist, so war das meine Absicht.
Ist's aber zu einfach geraten, so habe ich doch getan, soviel ich vermochte.
2. Makkabäer 15, 38f.